Maike Rönnau-Böse / Klaus Fröhlich-Gildhoff

Resilienzförderung im Kita-Alltag

Maike Rönnau-Böse / Klaus Fröhlich-Gildhoff

Resilienzförderung im Kita-Alltag

Was Kinder stark und widerstandsfähig macht

© Verlag Herder GmbH, Freiburg im Breisgau 2010
Alle Rechte vorbehalten
www.herder.de

Umschlaggestaltung und -konzeption:
R.M.E München / Roland Eschlbeck, Rosemarie Kreuzer
Umschlagfoto: Albert Josef Schmidt, Freiburg
Fotos im Innenteil: Hartmut W. Schmidt, Freiburg
Satz und Gestaltung:
Weiß-Freiburg GmbH – Graphik und Buchgestaltung
Herstellung: fgb · freiburger graphische betriebe
www.fgb.de

Gedruckt auf umweltfreundlichem, chlorfrei gebleichtem Papier
Printed in Germany

ISBN 978-3-451-32303-4

IN DIESEM KAPITEL ERFAHREN SIE ...

- welche Aufgaben pädagogische Fachkräfte bewältigen müssen und was sie für Familien leisten können
- welche Vorteile Präventionsprogramme haben

analytischen Gründen sinnvoll, wird aber der Komplexität des Seelenlebens nur ansatzweise gerecht" (Fröhlich-Gildhoff & Rönnau-Böse 2009, S. 41).

Resilienzfaktoren können bei Kindern unterstützt und gefördert werden. Wie das im Einzelnen geschehen kann, wird in Kapitel 3.2. näher erläutert. Nicht vergessen werden darf aber, dass durch die Resilienzfaktoren die Risiken und Belastungen nicht verändert oder abgeschafft werden können, sie „es dem Individuum aber ermöglichen, wirkungsvoll damit umzugehen" (Werner 2007, S. 29). Die Aufgabe der pädagogischen Fachkräfte ist demnach nicht zwangsläufig die Veränderung der Rahmenbedingungen (was häufig zu Gefühlen der Frustration und Hilflosigkeit führt), sondern das Ermöglichen von Handlungsweisen und Orientierungen, die den Umgang mit diesen erleichtern.

Praxistipp für Erzieherinnen

Beobachtung und Beurteilung des Entwicklungsstands eines Kindes
Da Risiko- und Schutzfaktoren bei jedem Kind unterschiedliche Auswirkungen haben, gilt es, eine individuelle Analyse seiner Situation vorzunehmen und viele Quellen dafür zu berücksichtigen. Das bedeutet, eigene Beobachtungen und Dokumentationen durch Berichte von Eltern und anderen Bezugspersonen einschließlich Kolleginnen zu ergänzen und auch das Kind selber zu befragen.
An erster Stelle steht das Sammeln von Risiko-, Schutz- und Resilienzfaktoren des einzelnen Kindes. Anschließend findet eine Bewertung der Faktoren statt: Risiko wofür? Schutz wogegen? (Lösel & Bender 2007). Zudem sollten die einzelnen Faktoren auf folgende Aspekte hin überprüft werden:
- Ist es ein einzelner Risiko-, Schutz- oder Resilienzfaktor oder gibt es mehrere?
- Wie lange gibt es den Risikofaktor schon, und ist eine schützende Wirkung möglich?
- Zu welchem Zeitpunkt ist der Risiko- bzw. Schutzfaktor (erstmals) aufgetreten bzw. tritt er (immer wieder) auf?
- Befindet sich das Kind in einer Phase erhöhter Vulnerabilität?
- Wie empfindet das Kind selber die Situation?

- **Soziale Kompetenz:** Die Fähigkeit, im Umgang mit Anderen soziale Situationen einschätzen und adäquate Verhaltensweisen zeigen zu können; sich emphatisch in andere Menschen einfühlen sowie sich selbst behaupten und Konflikte angemessen lösen zu können. Weiterhin zählt zur sozialen Kompetenz die Fähigkeit, sich soziale Unterstützung zu holen, wenn dies nötig ist.
- **Umgang mit Stress:** Einschätzen, bewerten und reflektieren von stressigen, belastenden Situationen; Kennen der eigenen Grenzen und Bewältigungsstrategien.
- **Problemlösen:** Verstehen und Reflektieren von komplexen Sachverhalten und Entwicklungen sowie Umsetzung von Lösungsmöglichkeiten unter Rückgriff auf vorhandenes Wissen und Können.

Abbildung 1: Resilienzfaktoren (vgl. Fröhlich-Gildhoff & Rönnau-Böse 2003)

„Bei diesen sechs Faktoren handelt es sich nicht um voneinander unabhängige Konstrukte, sondern sie stehen in einem engen Zusammenhang. So ist z.B. die Fähigkeit zur Selbst- und Fremdwahrnehmung ebenso wie eine gute Selbststeuerungsfähigkeit eine Voraussetzung zum Aufbau sozialer Kompetenzen. Eine getrennte Betrachtung ist aus

mehr Einfluss auf die Entwicklung haben als andere. So zeigte sich in der Resilienzforschung, dass eine warme, emotionale Beziehung zu einer Person ein Schutzfaktor ist, der am stärksten zu einer gelingenden Entwicklung beitragen und viele Risikofaktoren abpuffern kann. Bedeutende wichtige Beziehungspartner sind im besten Fall die Eltern – es können aber auch andere Verwandte, Erzieherinnen und Lehrerinnen kompensatorisch solche Bezugspersonen darstellen (z.B. Pianta et al. 2007). Voraussetzung ist eine kontinuierliche Beziehung, die auf Vertrauen, Wertschätzung und Respekt basiert.

> Eine stabile, emotionale Beziehung zu Erzieherinnen und Lehrerinnen ist ein wichtiger Schutzfaktor

1.4 Resilienzfaktoren

Resilienzfaktoren sind „Eigenschaften, die das Kind in der Interaktion mit der Umwelt sowie durch die erfolgreiche Bewältigung von altersspezifischen Entwicklungsaufgaben im Verlauf erwirbt; diese Faktoren haben bei der Bewältigung von schwierigen Lebensumständen eine besondere Rolle" (Wustmann 2004, S. 46). Die Resilienzfaktoren gehören damit zu den personalen Schutzfaktoren.

In den verschiedenen Resilienzstudien konnten empirisch eine Reihe solcher Faktoren identifiziert werden. Fröhlich-Gildhoff et al. (2007a) haben versucht, diese zu bündeln und zu sechs übergeordneten Resilienzfaktoren zusammenzufassen:

- **Selbst- und Fremdwahrnehmung:** Die ganzheitliche und adäquate Wahrnehmung der eigenen Emotionen und Gedanken. Die Fähigkeit, sich selbst dabei zu reflektieren und in Bezug zu anderen und ihrer Wahrnehmung zu setzen. Des Weiteren die Fähigkeit, andere Personen und ihre Gefühlszustände angemessen und möglichst „richtig" wahrzunehmen bzw. einzuschätzen.
- **Selbststeuerung:** Die Fähigkeit, sich und seine Gefühlszustände selbstständig zu regulieren. Dazu gehört beispielsweise das Wissen, welche Strategien zur Selbstberuhigung und welche Handlungsalternativen es gibt.
- **Selbstwirksamkeit:** Das Vertrauen in die eigenen Fähigkeiten und die Überzeugung, ein Ziel – wenn nötig auch durch Überwindung von Hindernissen – erreichen zu können.

Inhalt

Einleitung........ 7

1. **Einführung des Resilienzbegriffs** 10
   1.1 Bedeutung des Resilienzbegriffs 11
   1.2 Resilienzforschung 13
   1.3 Risiko- und Schutzfaktoren 15
   1.4 Resilienzfaktoren 21

2. **Kindertageseinrichtungen als Sozialisationsinstanzen und gesundheitsförderliche Orte für Kinder und Eltern** 24
   2.1 (Neue) Anforderungen an Erzieherinnen 25
       Verhaltensauffällige und gesundheitlich belastete Kinder 25
       Überforderte Eltern 26
       Sozial benachteiligte Kinder 27
       Kinder mit Behinderungen 27
       Kinder aus anderen Kulturen 28
       Kita als Sozialisationsinstanz 28
       Kita als gesundheitsförderlicher Ort 29
   2.2 Prävention und Präventionsprogramme 30

3. **Bausteine zur Förderung von Resilienz** 34
   3.1 Baustein 1: Leitbildentwicklung einer resilienzförderlichen Kita 35
       Leitbildentwicklung als Prozess der Organisationsentwicklung 37
       Leitbildentwicklung und seine Ziele 39
       Leitbildgestützte Teamentwicklung 43
       Evaluation des Leitbildes 44

   3.2 Baustein 2: Förderung der seelischen Gesundheit und Resilienz von Kindern im Alltag und mit Hilfe von speziellen Programmen 45
       Die positive Beziehung zum Kind als Basis der Resilienzförderung 46

Präventions- und Resilienzförderprogramme
im Vorschulalter. 46

3.3 Baustein 3: Zusammenarbeit mit Bezugspersonen
unter Berücksichtigung der Resilienzperspektive. 64
Die positive Eltern-Kind-Beziehung als Basis
einer entwicklungsfördernden Erziehung. 65
Schritte zur Zusammenarbeit mit Eltern 67
Erreichbarkeit von Eltern. 71
Methoden der Elternbildung. 75

3.4 Baustein 4: Netzwerkbildung 82
Typen von Netzwerken 83
Allgemeine Anforderungen für die Netzwerkbildung . . . 85
Zielgruppenspezifische Netzwerkbildung. 86
Beispiele für eine Netzwerkbildung. 89

3.5 Baustein 5: Evaluation eigener Maßnahmen
und Angebote. 91
Evaluation eines Kinderkurses zur Resilienzförderung . . . 94
Evaluation der Zusammenarbeit mit Eltern 98

4. Förderung von Resilienz und seelischer Gesundheit im Team. . . 102
Körperliche und seelische Gesundheit 104
Daten zu Belastungen und zur Zufriedenheit von pädago-
gischen Fachkräften in Kindertageseinrichtungen 105
Verarbeitung von Belastungen 109
Gesundheitsförderung. 112

5. Zusammenfassende Schlussfolgerung. 116

Literaturverzeichnis 121

Einleitung

Resilienz ist für viele Erzieherinnen kein Fremdwort mehr und nimmt einen immer größeren Stellenwert im pädagogischen Alltag ein. Das zeigt sich in der wachsenden Zahl der Publikationen, Vorträge und Fortbildungen zur Thematik, und auch die Bildungspläne der verschiedenen Bundesländer beziehen sich immer mehr auf die Förderung von Resilienz. So wird in 10 von 16 Bildungsplänen Resilienz explizit benannt, in zwei weiteren werden personale Fähigkeiten oder Ich-Kompetenzen als Bildungsziele beschrieben. In Bayern und Hessen wird Resilienz sogar als eine der Basiskompetenzen der Kinder aufgenommen und die Förderung näher beschrieben. Sieben andere Bundesländer nehmen Resilienz als Querschnittsthema auf (Rheinland-Pfalz, Mecklenburg-Vorpommern, Schleswig-Holstein, Saarland, Thüringen, Hamburg und Berlin). Sie wird hier als personale (Kern-)Kompetenz und Fähigkeit, Ich-Kompetenz oder Selbstkompetenz bezeichnet. In Baden-Württemberg, Niedersachsen, Sachsen, Sachsen-Anhalt und Bremen wird Resilienz bzw. werden personale Fähigkeiten erwähnt, aber nicht als Querschnittsthematik oder in Form eines eigenen Bereiches thematisiert.

Kindertageseinrichtungen, die sich zu einem resilienzförderlichen Bildungs- und Lebensort für Kinder weiterentwickeln möchten, müssen verschiedene Aspekte berücksichtigen. Häufig wird unter Resilienzförderung lediglich die direkte Arbeit am Kind verstanden. Dies wäre aber zu kurz gegriffen und wenig nachhaltig. Verschiedene Studien zur Unterstützung der seelischen Gesundheit von Kindern und Jugendlichen verdeutlichen, dass ein multimodaler Ansatz – also die Berücksichtigung von allen Ebenen um das Kind – wesentlich dazu beiträgt, langfristige Effekte zu gewährleisten (vgl. dazu z.B. Lösel et al. 2006). Aus diesem Grund sollte eine Einrichtung neben der direkten Förderung der Kinder die Eltern in ihre Arbeit mit einbeziehen und das soziale Netzwerk um die Kita ausbauen. Je mehr Anknüpfungspunkte es für die Kinder gibt und je stärker der Bezug zu ihrer Lebenswelt ist, desto besser gelingt eine nachhaltige Förderung ihrer seelischen Gesundheit. Deshalb stehen im Mittelpunkt dieses Buches fünf Bausteine, die zentral sind für eine umfassende und nachhaltige

Resilienzförderung. Diese Bausteine sollten im Sinne eines integrierten Konzepts Orientierung für die Praxis in Kindertageseinrichtungen bieten.

Im ersten Kapitel werden die Grundlagen von Resilienz beschrieben, über die pädagogische Fachkräfte als Basiswissen verfügen sollten. Die wichtigsten Forschungen zur Resilienz werden dargestellt und Schutz- und Risikofaktoren für die kindliche Entwicklung erläutert. Außerdem werden die Resilienzfaktoren näher beleuchtet, die für die Resilienzförderung der Kinder wesentlich sind.

Kapitel zwei greift die Bedeutung der Kindertageseinrichtung für die gesunde Entwicklung der Kinder auf. Es skizziert die Aufgaben und Herausforderungen der pädagogischen Fachkräfte in Kindertageseinrichtungen und die Möglichkeiten von Präventionsprogrammen.

Im Mittelpunkt des dritten Kapitels stehen Bausteine, die zur Förderung der Resilienz wesentlich sind. Die Leserinnen erfahren, welche Aspekte sie berücksichtigen sollten, um eine nachhaltige Resilienzförderung in ihrer Einrichtung zu gewährleisten. Sie erhalten für jeden der fünf Bausteine Handlungsorientierungen und Beispiele, die eine alltagspraktische Resilienzförderung in ihrer Einrichtung erleichtern. Der erste Baustein beschäftigt sich mit der Leitbildentwicklung. Sie ist Voraussetzung, um eine Kita zielgerichtet zu einem resilienzförderlichen Lern- und Lebensort für Kinder gestalten zu können. Im zweiten Baustein werden konkrete Handlungsmöglichkeiten vermittelt, wie die pädagogischen Fachkräfte die Resilienz der Kinder im Alltag unterstützen können. Baustein drei widmet sich der Zusammenarbeit mit den Bezugspersonen der Kinder, in der Regel also der Eltern. Ihre Erziehungskompetenz ist ein wichtiger Faktor für eine gelingende Resilienzentwicklung der Kinder. Der vierte Baustein beschreibt das Vorgehen zur Bildung von Netzwerken. Erzieherinnen erfahren, mit welchen Instrumenten sie eine Netzwerkanalyse durchführen können und was bei der Netzwerkbildung bzw. -etablierung beachtet werden sollte. Im fünften Baustein werden Anregungen und Instrumente zur (Selbst-)Evaluation vorgestellt, mit denen Kindertageseinrichtungen ihre Angebote zur Resilienzförderung überprüfen können.

Bei der Resilienzförderung der Kinder im Kita-Alltag spielt auch die Resilienz der pädagogischen Fachkräfte selber eine wesentliche Rolle.

EINLEITUNG

Eine Erzieherin, die sich überfordert fühlt, gestresst und übermüdet ist, hat wenig Möglichkeiten, sich intensiv der Begleitung und Unterstützung der Kinder und der Elternarbeit zu widmen. Die Resilienz der Fachkräfte stellt deshalb die Basis für eine gelingende Unterstützung der Kinder dar. Ausgangspunkt für Resilienzförderung in Kindertageseinrichtung ist somit die Gesundheit der Fachkräfte, die im vierten Kapitel behandelt wird.

Kapitel fünf fasst abschließend die zentralen Schritte zusammen, die notwendig sind, um eine resilienzförderliche Kita zu werden.

IN DIESEM KAPITEL ERFAHREN SIE …

- was Resilienz bedeutet
- welche Forschungen es zu Resilienz gibt
- welche Schutz- und Risikofaktoren für die Entwicklung eines Kindes eine Rolle spielen
- was Resilienzfaktoren sind

1. Einführung des Resilienzbegriffs

1.1 Bedeutung des Resilienzbegriffs

Der Begriff *Resilienz* stammt aus dem englischsprachigen Raum. *Resilience* bedeutet dort **Widerstandsfähigkeit, Elastizität** und **Spannkraft.** Resilienz ist die Fähigkeit, „erfolgreich mit belastenden Lebensumständen und negativen Stressfolgen" (Wustmann 2004, S. 18) umgehen zu können. Wenn also ein Mensch eine schwierige Situation, etwa den Verlust einer nahen Bezugsperson, angemessen bewältigt und sich trotz dieser Erfahrung gut entwickelt, wird von resilientem Verhalten gesprochen. Dementsprechend müssen immer zwei Bedingungen erfüllt sein, um von Resilienz zu sprechen:

- Es besteht eine Risikosituation.
- Die Risikosituation wird von der Person positiv bewältigt

Wustmann (2004) definiert Resilienz als die „**psychische Widerstandsfähigkeit gegenüber biologischen, psychologischen und psychosozialen Entwicklungsrisiken**" (ebd., S. 18).

In den frühen Anfängen der Resilienzforschung beschrieben einige Forschungsergebnisse faszinierende Lebensverläufe von Menschen, die sich trotz schwierigster Bedingungen sehr gut entwickelten, was dazu führte, diese Menschen als „Wunderkinder" oder als „unbesiegbar" zu bezeichnen und ihnen herausragende Fähigkeiten zuzuschreiben.

> Resilienz beinhaltet die erfolgreiche Bewältigung von Entwicklungsaufgaben und negativen Stressfolgen

Man war der Ansicht, dass diese Fähigkeiten angeboren waren und sich nicht entwickeln können. Dies bedeutete im Umkehrschluss, dass man davon ausging, keinen Einfluss auf die Resilienzentwicklung nehmen zu können. Auch wurde Resilienz als Charakterzug dargestellt,

> Resilienz ist nicht angeboren, sondern entwickelt sich in einer Kind-Umwelt-Interaktion

was dazu führte, fehlende Resilienz als individuelles Charakterdefizit zu interpretieren. Gabriel (2005) warnte explizit davor und verdeutlichte den Einfluss und die Relevanz von Erziehung, Bildung und Familie sowie von sozialen Netzwerken auf die Ausbildung von Resilienz (ebd., S. 213). Resilienz kann man nicht für immer erwerben. Sie verändert sich im Laufe des Lebens und muss immer wieder neu erlernt bzw. „aufgefrischt" werden. Dafür brauchen Kinder die Hilfe ihrer Bezugspersonen und der pädagogischen Fachkräfte in Kindertageseinrichtungen und Schulen. Resilienz ist deshalb auch keine Persönlichkeitseigenschaft, sondern „ein **dynamischer Anpassungs- und Entwicklungsprozess** ... und wird im Verlauf der Entwicklung im Kontext der Kind-Umwelt-Interaktion erworben" (Wustmann 2004, S. 28). Damit wird deutlich, dass Resilienz nicht passiv übernommen wird, sondern dass das Kind aktiv am Prozess der Entwicklung und Ausformung seiner eigenen Stärken beteiligt ist.

Die Erfahrungen und Erlebnisse eines Menschen spielen bei der Entwicklung seiner Resilienz eine wichtige Rolle. Resilienz ist also nicht zu jeder Lebenszeit und bei jedem Menschen gleich, sondern eine variable Größe. So kann es sein, dass Kinder ebenso wie Erwachsene zu einem Zeitpunkt ihres Lebens resilient sind, zu anderen Zeitpunkten mit anderen Risikolagen jedoch mehr Schwierigkeiten haben, die Belastungen zu bewältigen (Opp & Fingerle 2007).

> Resilienz wird durch Erfahrungen beeinflusst

Außerdem ist Resilienz nicht auf alle Lebensbereiche eines Menschen übertragbar. So können Kinder, die in ihrer Freizeit resilient sind, im Kindergarten oder in der Schule Schwierigkeiten haben, Beziehungen einzugehen und sich dort als sozial wenig kompetent erweisen. Deshalb spricht man auch von *situationsspezifischer Resilienz* (Petermann & Schmidt 2006). Es geht bei Resilienz somit vor allem um den „**Erwerb bzw. Erhalt altersangemessener Fähigkeiten und Kompetenzen**" und die „**erfolgreiche Bewältigung von altersspezifischen Entwicklungsaufgaben**" (Wustmann 2004, S. 20).

> **Wichtiges im Überblick**
> **Merkmale von Resilienz**
> • Resilienz ist ein dynamischer Anpassungs- und Entwicklungsprozess.
> • Resilienz ist eine variable Größe.
> • Resilienz ist situationsspezifisch und multidimensional.

1.2 Resilienzforschung

Mit Beginn der Resilienzforschung in den 1970er Jahren wurde der Blick der Entwicklungspsychologie und der Klinischen Psychologie vermehrt auf die positiven Entwicklungen von Kindern gerichtet, die sich trotz andauerndem, hohem Risikostatus (wie z.b. Armut oder psychische Erkrankung der Eltern) gut entwickelten. Damit wurde ein Paradigmenwechsel, also eine Änderung der Blickrichtung, eingeläutet. Nachdem bis dahin hauptsächlich Studien zu den Risikoeinflüssen auf die kindliche Entwicklung durchgeführt wurden und der Blick maßgeblich auf den Defiziten und Schwierigkeiten lag, wurde jetzt die Aufmerksamkeit vermehrt auf die Ressourcen und Schutzfaktoren von Kindern gerichtet.

Die Anfänge der Resilienzforschung liegen in den 1970er Jahren

In der Resilienzforschung lassen sich drei Phasen identifizieren: In der ersten Phase entstand die empirische Grundlage, d.h. die Identifikation von Schutzfaktoren und Schlüsselkonzepten in Bezug auf Resilienz. In der zweiten Phase wurden vor allem die Prozesse und Wirkmechanismen der verschiedenen Faktoren untersucht und ihre Wechselwirkungen in den Fokus genommen. Diese Forschungen unterstrichen die Bedeutung des Kontextes. In der parallel entstandenen dritten Phase wurden resilienzfördernde Maßnahmen und Präventionsprogramme entwickelt. Hier ging es weniger um Grundlagenforschung, sondern viel mehr um die Umsetzung der Erkenntnisse in den Alltag (vgl. O'Dougherty Wright & Masten 2006 in Bengel et al. 2009, S. 15ff.).

Die wohl bekannteste und auch älteste Studie in der Resilienzforschung ist die *Kauai-Studie* von Werner & Smith (1982). Die Ame-

> Die Kauai-Studie gilt als die Pionierstudie in der Resilienzforschung

rikanerin Emmy Werner und ihre Forschergruppe haben die Entwicklung des gesamten Geburtsjahrgangs von 1955 der hawaiianischen Insel Kauai über einen Zeitraum von über 40 Jahren dokumentiert. Von 698 Menschen wurden mit 1, 2, 10, 18, 32 und 40 Jahren Daten zu ihrer Lebens- und Gesundheitssituation erhoben. Dabei wurde deutlich, dass ein Drittel dieser Menschen mit einer Vielzahl von Risiken konfrontiert war, wie z.b. chronische Armut oder psychische Erkrankungen der Eltern. Trotzdem entwickelten sich nicht alle betroffenen Kinder wie anfangs erwartet weniger gut, sondern ein Drittel bewältigte die schwierigen Anforderungen (Werner 2000). Das zeigte sich z.b. daran, dass sie Beziehungen eingehen konnten, optimistisch waren oder einer erfüllenden Arbeit nachgingen. Im Laufe ihres Lebens zeigten sich bei ihnen im Vergleich zu den anderen Kindern derselben Risikogruppe weniger chronische Krankheiten und Scheidungen, und auch die Todesrate war geringer (Wustmann 2004). Worin unterschieden sich diese Menschen von den anderen?

Werner beschrieb eine „Kette schützender Faktoren", die sich zusammensetzt aus Schutzfaktoren, die das Individuum selbst mitbringt, Faktoren innerhalb der Familie und im sozialen Umfeld des Menschen. Diese Schutzfaktoren bedingen sich gegenseitig und führen zu einem positiven Zusammenspiel (Werner 2007).

Zu ähnlichen Ergebnissen kamen auch andere Längsschnittstudien, obwohl sie ganz unterschiedliche Zielgruppen untersuchten und in verschiedenen Settings stattfanden. So untersuchte die *Mannheimer Risikokinderstudie* die Entwicklung von Kindern, die zum Zeitpunkt ihrer Geburt verschiedenen Belastungen ausgesetzt waren. Die *Bielefelder Invulnerabilitätsstudie* dagegen befasste sich mit Jugendlichen, die in einem Heim aufwuchsen.

Zusammengetragen aus allen Studien ergeben sich eine Reihe von Risiko- und Schutzfaktoren, die im Folgenden erläutert werden sollen.

> **Wichtiges im Überblick**
> **Studien zur Resilienz**
> - Die Anfänge der Resilienzforschung liegen in den 1970er Jahren und führten zu einem Paradigmenwechsel, d.h. die Forschung interessierte sich zunehmend für die Kompetenzen und Ressourcen der Menschen und nicht nur für ihre Schwierigkeiten und Risiken.
> - Insgesamt gibt es 19 Längsschnittstudien zur Resilienz, wovon die meisten in den USA durchgeführt wurden.
> - Die bekannteste Studie ist die Kauai-Studie von Emmy Werner und ihrem Forscherteam, die 1955 begann.
> - Die zwei größten Studien in Deutschland sind die Mannheimer Risikokinderstudie und die Bielefelder Invulnerabilitätsstudie.
> - Es lassen sich drei Phasen der Resilienzforschung identifizieren:
>   1. Grundlagenforschung
>   2. Untersuchung der Prozesse und Wirkmechanismen
>   3. Entwicklung von Prävention- und Resilienzförderprogrammen.

1.3 Risiko- und Schutzfaktoren

Eine entscheidende Rolle bei der Entwicklung von Resilienz spielen Risiko- und Schutzfaktoren. Lange Zeit standen vor allem die *Risikofaktoren* im Fokus der Forschung. Diese beschäftigten sich mit der Frage, welche Risiken die Entwicklung von Kindern beeinflussen. Damit verbunden ist eine pathogenetische Sichtweise, d.h. im Mittelpunkt der Betrachtung stehen Faktoren und Lebensbedingungen, die die kindliche Entwicklung gefährden, beeinträchtigen und zu seelischen Störungen und Erkrankungen führen können (Holtmann & Schmidt 2004). Unterschieden wird dabei zwischen kindheitsbezogenen Merkmalen, den **Vulnerabilitätsfaktoren** *(biologische und psychologische*

Lange Zeit lag der Schwerpunkt der Forschung auf den Risikofaktoren für die menschliche Entwicklung

Faktoren) und den eigentlichen Risikofaktoren, den **Stressoren,** die sich aus der *psychosozialen Umwelt* des Kindes ergeben (Petermann et al. 2004). Letztere sind am häufigsten dafür verantwortlich, dass die Entwicklung eines Kindes ungünstig verläuft, und beeinträchtigen vor allem die kognitive und sozial-emotionale Entwicklung.

→ Wichtiges im Überblick
Risikofaktoren (vgl. Wustmann 2004, S. 38–39)

Vulnerabilitätsfaktoren
- Prä-, peri- und postnatale Faktoren, z. B. Frühgeburt, Geburtskomplikationen, niedriges Geburtsgewicht, Ernährungsdefizite, Erkrankung des Säuglings
- Neuropsychologische Defizite, z.b. Teilleistungsstörungen im Bereich der Wahrnehmungsverarbeitung
- Psychophysiologische Faktoren, z. B. ein sehr niedriges Aktivitätsniveau
- Genetische Faktoren wie Chromosomenanomalien
- Chronische Erkrankungen, z. B. Asthma, Neurodermitis, Krebs, schwere Herzfehler, hirnorganische Schädigungen
- Schwierige Temperamentsmerkmale, wie z.b. frühes impulsives Verhalten, hohe Ablenkbarkeit, Schwierigkeiten in den Schlaf zu finden
- Unsichere Bindungsorganisation
- Geringe kognitive Fähigkeiten: niedriger Intelligenzquotient, Defizite in der Wahrnehmung und sozial-kognitiven Informationsverarbeitung
- Geringe Fähigkeiten zur Selbstregulation von Anspannung und Entspannung

Stressoren
- Niedriger sozioökonomischer Status, chronische Armut
- Unsicheres Wohnumfeld, z.B. in Wohngegenden mit hohem Kriminalitätsanteil
- Chronische familiäre Disharmonie

- Elterliche Trennung und Scheidung
- Alkohol-/Drogenmissbrauch der Eltern
- Psychische Störungen oder Erkrankungen eines bzw. beider Elternteile
- Kriminalität der Eltern
- Obdachlosigkeit
- Niedriges Bildungsniveau der Eltern
- Abwesenheit eines Elternteils/alleinerziehender Elternteil
- Erziehungsdefizite/ungünstige Erziehungspraktiken der Eltern, z. B. inkonsequentes, zurückweisendes oder inkonsistentes Erziehungsverhalten, Uneinigkeit der Eltern in Erziehungsmethoden, körperliche Strafen, zu geringes Beaufsichtigungsverhalten, Desinteresse/Gleichgültigkeit gegenüber dem Kind, mangelnde Feinfühligkeit und ein zu geringes Eingehen auf die Interaktions- und Kommunikationsversuche der Kinder (Responsivität)
- Sehr junge Elternschaft (vor dem 18. Lebensjahr)
- Unerwünschte Schwangerschaft
- Häufige Umzüge, Schulwechsel
- Migrationshintergrund in Verbindung mit niedrigem sozioökonomischen Status
- Soziale Isolation der Familie
- Verlust eines Geschwisters oder engen Freundes
- Geschwister mit einer Behinderung, Lern- oder Verhaltensstörung
- Mehr als vier Geschwister
- Mobbing/Ablehnung durch Gleichaltrige
- Außerfamiliäre Unterbringung

Ob und inwieweit ein Risikofaktor zum Tragen kommt, hängt von verschiedenen Aspekten ab. Holtmann & Schmidt (2004) sprechen deshalb bei ihrer Definition von Risikofaktoren nur von einer „potentiellen Gefährdung" (S. 196). Vor allem in Phasen erhöhter Vulnerabilität – also in Zeiten, in denen ein Kind „verwundbarer" ist – ist die Wahrscheinlichkeit, dass ein Risikofaktor die Entwicklung gefährdet, größer. Dies sind z.B. der Übergang vom Kindergarten in die Schule oder die

Transitionen (Übergänge) begünstigen negative Auswirkungen von Risikofaktoren

Pubertät. In dieser Zeit werden viele Anforderungen an das Kind gestellt und müssen von ihm oft gleichzeitig bewältigt werden, so dass ein zusätzlich auftretender Risikofaktor, wie z.b. die Trennung der Eltern, eine Anforderung zu viel darstellen kann.

Ob Risikofaktoren sich negativ auswirken oder eher eine untergeordnete Rolle spielen, hängt von zahlreichen Bedingungen ab (vgl. Scheithauer & Petermann 1999, S. 6f):

- **Anhäufung (Kumulation) von Risikofaktoren.** Je mehr Risikofaktoren gleichzeitig auftreten, desto höher ist die Wahrscheinlichkeit für eine fehlangepasste Entwicklung.
- **Dauer/Kontinuität der Risikofaktoren.** Je länger ein Risikofaktor auf das Kind einwirkt, desto größer das Risiko für negative Auswirkungen.
- **Abfolge der Risikofaktoren.** Je früher ein Risikofaktor auftritt, desto anfälliger sind Kinder in ihrer Entwicklung.
- **Geschlechtsspezifische Aspekte.** Es gibt vermehrt Belege dafür, dass das männliche Geschlecht insgesamt anfälliger für Risikofaktoren ist.
- **Subjektive Bewertung der Risikofaktoren.** Wenn das Kind die Situation als nicht belastend erlebt, wird der Risikofaktor abgeschwächt.

Aufgrund dieser vielen Aspekte ist es für die Beurteilung eines Entwicklungsverlaufs bzw. -standes und zum Verstehen seines Verhaltens wichtig, die individuelle Geschichte eines Kindes – und damit das Zusammenspiel von Risiko- und Schutzfaktoren – zu berücksichtigen.

Die Resilienzforschung hat zu einer veränderten Sichtweise geführt

Die oben beschriebenen Studien führten dazu, dass deutlich stärker die *Schutzfaktoren* in der kindlichen Entwicklung in den Blick genommen wurden. Nachdem in der ersten Phase der Resilienzforschung der Schwerpunkt mehr auf der Identifikation der einzelnen Schutzfaktoren lag, wurde bald erkannt, dass Risiko- und Schutzfaktoren in einer gegenseitigen Wechselwirkung stehen und Resilienz das Ergebnis des Zusammenwirkens beider Faktoren ist. Schutzfaktoren sind jedoch nicht einfach das Gegenteil von Risikofaktoren und umgekehrt (Ball & Peters 2007). Vielmehr kann ein Schutzfaktor Risikosituationen mildern oder beseitigen (Puffereffekt) und die Wahrscheinlichkeit einer positiven Entwicklung erhöhen. Dies bedeutet, dass eine Risikosituation vorliegen muss, damit ein Schutzfaktor protektiv (schützend) wirksam werden kann (Laucht 1999). Liegt kein Risikofaktor vor, wird eher von einer „förderlichen Bedingung" gesprochen (Scheithauer et al. 2000). Die Schutzfaktoren werden unterteilt in **personale Ressourcen** und **soziale Ressourcen**.

Schutzfaktoren haben einen Puffereffekt

→ Wichtiges im Überblick
Schutzfaktoren (Wustmann 2004)

Personale Ressourcen
Kindbezogene Faktoren
- Positive Temperamentseigenschaften, wie z.b. lässt sich leicht beruhigen, kommt einfach in den Schlaf-/Wachrhythmus
- Intellektuelle Fähigkeiten
- Erstgeborenes Kind
- Weibliches Geschlecht
- Resilienzfaktoren
    - Selbstwahrnehmung
    - Selbstwirksamkeit
    - Selbststeuerung
    - Soziale Kompetenz
    - Umgang mit Stress
    - Problemlösefähigkeiten

Soziale Ressourcen
Faktoren innerhalb der Familie
- Mindestens eine stabile Bezugsperson, die Vertrauen und Autonomie fördert
- Autoritativer/demokratischer Erziehungsstil
- Zusammenhalt, Stabilität und konstruktive Kommunikation in der Familie
- Enge Geschwisterbindungen

- Altersangemessene Verpflichtungen des Kindes im Haushalt
- Hohes Bildungsniveau der Eltern
- Harmonische Paarbeziehung der Eltern
- Unterstützendes familiäres Netzwerk (Verwandtschaft, Freunde, Nachbarn)
- Hoher sozioökonomischer Status

Faktoren in den Bildungsinstitutionen
- Klare, transparente und konsistente Regeln und Strukturen
- Wertschätzendes Klima: Wärme, Respekt und Akzeptanz gegenüber dem Kind
- Hoher, angemessener Leistungsstandard
- Positive Verstärkung der Leistungen und Anstrengungsbereitschaft des Kindes
- Positive Peerkontakte/positive Freundschaftsbeziehungen
- Förderung von Resilienzfaktoren
- Zusammenarbeit mit dem Elternhaus und anderen sozialen Institutionen

Faktoren im weiteren sozialen Umfeld
- Kompetente und fürsorgliche Erwachsene außerhalb der Familie, die Vertrauen fördern, Sicherheit vermitteln und als positive Rollenmodelle dienen, z. B. Erzieherinnen, Lehrerinnen und Nachbarn
- Ressourcen auf kommunaler Ebene, z.b. Angebote der Familienbildung, Beratungsstellen, Frühförderstellen und/oder Gemeindearbeit
- Gute Arbeits- und Beschäftigungsmöglichkeiten
- Vorhandensein prosozialer Rollenmodelle, Normen und Werte in der Gesellschaft

Auch die Schutzfaktoren müssen unter verschiedenen Aspekten betrachtet werden – prinzipiell gilt jedoch: je mehr, desto besser. Schutz- und Risikofaktoren können aber, wie bereits erwähnt, nicht einfach gegeneinander aufgerechnet werden. In beiden Gruppen gibt es Faktoren, die

2. Kindertageseinrichtungen als Sozialisationsinstanzen und gesundheitsförderliche Orte für Kinder und Eltern

2.1 (Neue) Anforderungen an Erzieherinnen

Das Aufgabenspektrum von Erzieherinnen in Kindertageseinrichtungen hat sich in den letzten zehn Jahren deutlich ausgeweitet. Kitas sind zu Bildungsinstitutionen geworden. Es gilt das Primat eines individuumbezogenen Eingehens auf die frühe Bildungsfähigkeit der Kinder. Die ko-konstruktive Begleitung und Unterstützung kindlicher (Selbst-)Bildungsprozesse fordert eine vertiefte, auf genauer Beobachtung bzw. Diagnostik basierende Begegnung mit jedem einzelnen Kind (vgl. z.B. Fried & Roux 2006, Kasüschke & Fröhlich-Gildhoff 2008). Zusätzlich werden die pädagogischen Fachkräfte mit einer Reihe weiterer Anforderungen konfrontiert, auf die sie professionell zu reagieren haben.

Verhaltensauffällige und gesundheitlich belastete Kinder
Übereinstimmend zeigen seriöse Studien, dass eine hohe Zahl von Kindern *Auffälligkeiten im Verhalten,* aber auch im Bereich der *Gesundheit* zeigt:
- Bei ca. 18% der Kinder im Vorschulalter liegen diagnostizierbare Verhaltensauffälligkeiten vor (Erhart et al. 2006: Kinder- und Jugendgesundheitssurvey, www.kiggs.de)
- In einer empirischen Untersuchung von Kliche et al. (2007) wurde deutlich, dass es in Kindertageseinrichtungen viele Kinder mit

erheblichen gesundheitlichen Belastungen gibt. So sind z.b. 14% der Kinder in Kitas entwicklungsverzögert und 8% weisen Sprachstörungen auf. 15% (Kurth & Schaffrath-Rosario 2007) bis zu 25 % der Kinder (Robert-Koch-Institut/kiggs 2006) haben nachgewiesen Übergewicht.

Diese Auffälligkeiten verändern sich nicht, wenn nicht frühzeitig professionelle Interventionen erfolgen. So ist aggressives/gewalttätiges Verhalten als durchgängiges Merkmal der Weltbegegnung ab dem 5. Lebensjahr stabil (Krahè 2001; Essau & Conradt 2004). Das bedeutet, dass Erzieherinnen in Kindertageseinrichtungen die Aufgabe haben, sowohl durch den Einsatz gezielter präventiver Maßnahmen die Entstehung von Auffälligkeiten zu verhindern, als auch bestehenden Problemen durch spezifische Interventionen entgegenzuwirken.

Kitas können durch präventive Maßnahmen und gezielte Interventionen die Kinder in ihrer Einrichtung unterstützen

Überforderte Eltern

Oftmals werden *Eltern* für die zunehmenden Probleme von Kindern verantwortlich gemacht. Jedoch sind viele Eltern durch veränderte Lebenslagen, einen Wertepluralismus und gestiegene Arbeitsanforderungen so sehr belastet und in ihren Erziehungskompetenzen verunsichert oder überfordert, dass sie selbst auf Hilfe angewiesen und die pädagogischen Fachkräfte wichtige Ansprechpartnerinnen für sie sind (vgl. Fröhlich-Gildhoff et al. 2006). Eltern mit einer Vielzahl sozialer und psychischer Probleme haben einen besonders hohen Unterstützungsbedarf – zugleich sind diese Eltern/Familien mit herkömmlichen Programmen schlecht zu erreichen. Besonderer Unterstützungsbedarf besteht in Stadtteilen, in denen viele arme Familien oder solche mit Kumulationen von Problemen leben, weil hier das Risiko von sozialer Exklusion und geringen Bildungschancen am höchsten ist. Hier haben die Erzieherinnen zunehmend die Funktion, Erziehungspartnerschaften (z.B. Textor 2005) zu gestalten und gemeinsam mit den Eltern gezielt und geplant die Entwicklung der Kinder zu fördern.

Sozial benachteiligte Kinder

Die Ursachen für die Probleme, Entwicklungs- und Verhaltensstörungen der Kinder sind komplex und lassen sich nicht eindimensional abbilden. Eine Vielzahl nationaler und internationaler Studien gibt allerdings klare Hinweise auf Zusammenhänge zwischen sozioökonomischem Status bzw. sozialer Benachteiligung und verringerten Entwicklungschancen: Schon zu Beginn des Schuleintritts bestehen zum Teil deutliche Unterschiede in der Sprachfähigkeit, den sozialen Kompetenzen, der Fähigkeit zur Emotionsregulation, der Leistungsmotivation und den kognitiven Fähigkeiten zwischen Kindern aus unterschiedlichen sozialen Zusammenhängen (vgl. Smith et al. 1997; Duncan & Brooks-Gunn 1997). Besonders Kinder aus Familien mit einem niedrigen sozioökonomischen Status oder mit Kumulationen von Problemlagen haben deutlich *geringere Bildungschancen*. Ein zentrales Ergebnis der in Kapitel 1.2 angesprochenen Mannheimer Risikokinderstudie ist: „Kinder, die in schwierigen, belasteten Familienverhältnissen aufwachsen, schneiden langfristig sowohl im Bereich kognitiver Leistungsfähigkeit als auch im Bereich sozio-emotionaler Entwicklung deutlich schlechter ab als psychosozial unbelastete Kinder" (Fooken 2005, S. 48). Da Kindertageseinrichtungen Kinder (und Eltern) frühzeitig erreichen, können sie durch den gezielten und systematischen Einsatz von Programmen und Maßnahmen die Chancengerechtigkeit erhöhen und kompensatorisch wirken; die Wirksamkeit entsprechender Interventions- und Förderprogramme im Vorschulbereich ist nachgewiesen.

> Die soziale Lage entscheidet in großem Maße darüber, welche Bildungschancen Kinder haben

Kinder mit Behinderungen

Aus ethischen wie fachlichen Gründen ist es geboten, Kinder mit Entwicklungsrückständen, Behinderungen, chronischen Erkrankungen oder anderen Einschränkungen in Regelinstitutionen zu betreuen, zu bilden und zu erziehen. Die *Inklusionspädagogik* hat gerade im letzten Jahrzehnt hervorragende Modelle für die Integration von Kindern mit Handicaps entwickelt, die – bei entsprechenden Rahmenbedingungen – eine gute Entwicklung und Teilhabe dieser Zielgruppe ermöglichen (z.B. Booth et al. 2006).

Kinder aus unterschiedlichen Kulturen

Die *kulturelle Vielfalt* setzt sich zunehmend in gesellschaftlichen Alltagsstrukturen durch. Hier haben Kindertageseinrichtungen eine äußert wichtige Funktion, die Vielfalt zu gestalten und Integrationen zu fördern (z.B. Gogolin & Krüger-Potratz 2006; Prengel 2006). Dies beinhaltet nicht nur die Arbeit mit den Kindern, sondern auch die Zusammenarbeit mit den Bezugspersonen der Kinder. Die pädagogischen Fachkräfte müssen hier zum Teil neue Wege gehen, um Zugang zu Eltern aus anderen Kulturen zu erhalten. Dazu gehört auch die Auseinandersetzung mit der eigenen Kultur und verschiedenen Erziehungsstilen.

> Kitas müssen Integration und Vielfalt in ihren Einrichtungen ermöglichen

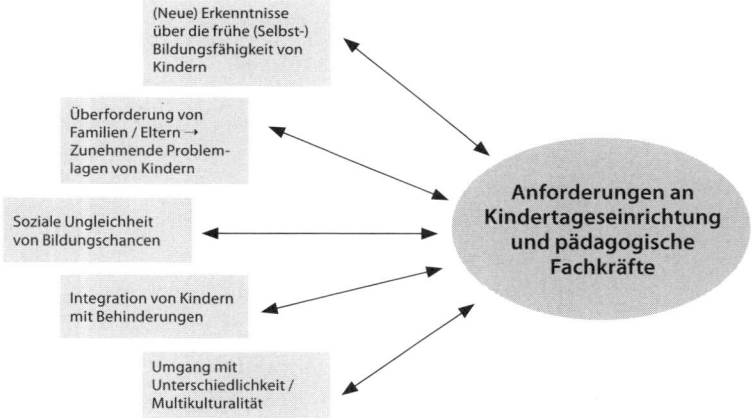

Abbildung 2: Anforderungen an pädagogische Fachkräfte in Kindertageseinrichtungen

Kita als Sozialisationsinstanz

Kindertageseinrichtungen werden zunehmend zu zentralen *Sozialisationsinstanzen* sowie zu Lern- und Lebensorten für Kinder und ihre Eltern. Das Aufgabenspektrum der pädagogischen Fachkräfte umfasst somit neben der direkten Arbeit mit dem Kind die kontinuierliche und geplante Zusammenarbeit mit den Bezugspersonen sowie die Notwendigkeit der koordinierten und kontinuierlichen institutionellen Vernetzung.

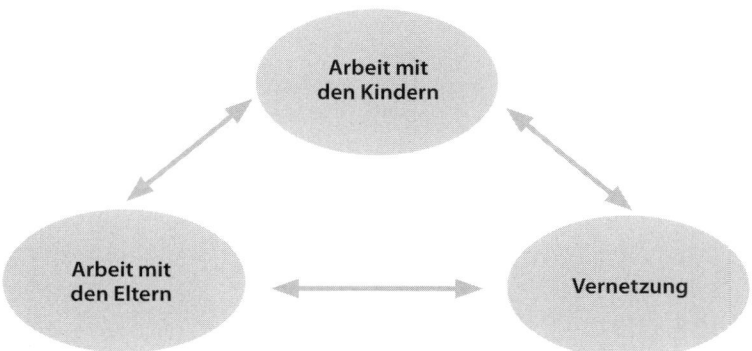

Abbildung 3: Aufgabenspektrum der pädagogischen Fachkräfte in Kindertageseinrichtungen

Während die Zusammenarbeit mit Eltern zunehmend in der Fachdiskussion reflektiert wird, ist der Aspekt der *sozialräumlichen* und *institutionellen Vernetzung* als Aufgabenfeld von Erzieherinnen bisher kaum systematisch betrachtet worden; einige Untersuchungen zeigen hier deutlichen Entwicklungsbedarf auf (z.B. Fröhlich-Gildhoff et al. 2006). Durch eine gezielte Vernetzung mit Vereinen, Kirchen und anderen Institutionen, aber auch mit Erziehungsberatungsstellen, pädagogischer Frühförderung und Jugendämtern, könnten die Kindertageseinrichtungen zu zentralen Knotenpunkten im Netzwerk von Einrichtungen im Sozialraum werden und Kindern wie Familien schnelle und niedrigschwellige Überleitungen in andere (Unterstützungs-)Systeme ermöglichen.

> Neben der „traditioneller" Aufgabe – der Arbeit mit den Kindern – muss die Arbeit mit den Eltern und vor allem die Vernetzung mit anderen Institutionen in den Mittelpunkt rücken

Kita als gesundheitsförderlicher Ort

Kitas sind die gesellschaftlichen Institutionen, die Kinder als erste und über längere Zeiträume in ihrer Entwicklung begleiten. Zugleich haben die pädagogischen Fachkräfte in Kitas Zugang zu den Eltern/Familien der Kinder. Es erscheint daher sinnvoll und aussichtsreich, Programme zur Förderung der *physischen und psychosozialen Gesundheit* in Kindertageseinrichtungen einzuführen und dabei die Erzieherinnen systematisch in die Arbeit einzubeziehen, um eine Verankerung der

Programme im Alltag der Kita zu erreichen und die Nachhaltigkeit zu sichern.

Für die Implementierung von Programmen im frühen Lebensalter sprechen zudem Ergebnisse, die belegen, dass viele Verhaltensauffälligkeiten schon im Vorschulalter zu beobachten sind und dann stabil bleiben (für aggressives/gewalttätiges Verhalten ist dies gut nachgewiesen; vgl. z.B. Olweus 1979, Krahé 2001). „Langzeitbeobachtungen zeigen die Stabilität wichtiger früher Entwicklungsunterschiede bis ins Erwachsenenalter" (Kliche et al. 2008, S. 19).

Es ist ebenso belegt, dass die Wirkungen von Maßnahmen umso besser sind, je früher sie eingesetzt werden (z.B. Schweinhart & Weikart 1997, Beelmann 2006). In einer Untersuchung von Kliche et al. (2008) wurden die Potentiale von Kindertageseinrichtungen bei der Gesundheitsförderung sehr deutlich – zugleich zeigte sich aber auch, dass es an gut überprüften Konzepten mangelt und die Fachkräfte einen Qualifizierungsbedarf haben.

2.2 Prävention und Präventionsprogramme

Frühe, gezielte Maßnahmen können – und sollen – die seelische Gesundheit der Kinder fordern und ihre Widerstandsfähigkeit in Krisensituationen stärken. Neben der Gesundheitsstärkung und -förderung geht es darum, Verhaltensauffälligkeiten oder spätere seelische Erkrankungen zu verhindern oder zumindest die Auftretenswahrscheinlichkeit zu verhindern – dies ist Gegenstand der *Prävention*.

Präventionsmaßnahmen unterscheiden sich nach ihrem Zeitpunkt und ihrer Zielgröße

Präventionsmaßnahmen kann man nach verschiedenen Kriterien unterscheiden.

- Bezogen auf den **Zeitpunkt** unterscheidet man:
  - *Primäre Prävention*, die frühzeitige Krankheitsvermeidung
  - *Sekundäre Prävention*, die Früherkennung von Erkrankungen, um Verschlimmerungen abzuwenden
  - *Tertiäre Prävention*, die Vermeidung von schweren Folgen bzw. Rückfällen.

- Hinsichtlich der **Zeitpunkt** können Unterscheidungen vorgenommen werden in:
  - *Personale Prävention.* Dabei sind die Maßnahmen auf einzelne Personen bezogen. Ein Beispiel hierfür sind Schutzimpfungen.
  - *Verhaltensprävention.* Die Maßnahmen sind auf (riskante) Verhaltensweisen bezogen, z.B. wird auf die Gefahren des Rauchens hingewiesen.
  - *Verhältnisprävention.* Hier steht die Vermeidung/Veränderung krankmachender Verhältnisse im Mittelpunkt. Dazu gehört z.B. die Verwendung von Möbeln mit geringer Verletzungsgefahr.
  - *Setting-Prävention.* Sie bezieht sich auf Maßnahmen, die auf eine gezielte Umgebung, z.B. einen bestimmten Kindergarten oder sonstigen Lebensraum, ausgerichtet sind (vgl. Fröhlich-Gildhoff & Rönnau-Böse 2009).

> → **Wichtiges im Überblick**
> **Wirksamkeit von Präventionsprogrammen**
> Es liegen eine Reihe von wissenschaftlichen Studien vor, die die Wirksamkeit von Präventionsprogrammen untersucht haben. Zusammengefasst wird deutlich:
> - Programme sind am erfolgreichsten, wenn sie die Kinder, deren Eltern und das soziale Umfeld erreichen (multimodale oder systemische Perspektive) und in deren Lebenswelt ansetzen (Setting-Ansatz).
> - Ein langfristig eingesetztes Programm ist erfolgreicher als kurze Programme oder einzelne Trainings. Programme sollten mindestens 9 Monate dauern (Röhrle 2008, S. 246).
> - Klar strukturierte, verhaltensnahe Programme, in denen etwas konkret eingeübt werden kann, haben die besten Effekte (Beelmann 2006, S. 159).
> - Bedeutsam ist ein strukturierter Aufbau anhand von Handbüchern oder Manualen, die an die jeweilige Zielgruppe angepasst werden.
> - Reine Informationen zeigen so gut wie keine Effekte.

- Die Professionalität der Anleiterinnen/Trainerinnen hat eine positive Auswirkung auf die Wirksamkeit.
- Die allgemeine Entwicklungsförderung hat bessere (Langzeit-) Effekte als präventive Maßnahmen isolierter Verhaltensauffälligkeiten, z.b. dissoziales/aggressives Verhalten (Beelmann 2006, S. 158).
- Gute Wirkungen haben Programme, die in die natürlichen Lebensumwelten – wie z.b. Kindertageseinrichtungen – eingebettet sind; darüber hinaus ist ein niedrigschwelliger Zugang (dies beinhaltet auch niedrige Kosten) von Bedeutung.
- Eine sorgfältige Evaluation mit unterschiedlichen Methoden ist nötig, um die Wirksamkeit zu überprüfen.

(zusammengefasst aus Heinrichs et al. 2002, Beelmann 2006)

 Praxistipp für Erzieherinnen

Es gibt kein Standard-Programm für alle Zielgruppen oder Settings. Die Kunst besteht darin, vorhandene, gut untersuchte Programme auf die jeweilige Situation bzw. Einrichtung anzupassen. Dabei muss darauf geachtet werden, dass ein isoliertes Kursprogramm, z.b. ein einzelner Kinderkurs, in der Regel wenig Wirkung zeigt. Erst die Einbettung in ein Gesamtkonzept und in den Alltag der Kita sowie die systematische Einbeziehung von Fachkräften, Kindern und Eltern kann gute Effekte gewährleisten.

Ein Überblick über Programme im Kindes- und Jugendalter findet sich bei Bengel et al. (2009), Bühler und Heppekausen (2005) oder Kaluza und Lohaus (2006). Außerdem bietet die Praxisdatenbank „www.gesundheitliche-chancengleichheit.de" eine detaillierte Übersicht über „best practice Beispiele" von Angeboten zur Gesundheitsförderung. Die drei in Deutschland am besten evaluierten Programme
- Papilio (Scheithauer et al. 2005)

- EFFEKT (Lösel et al. 2006; [http://www.effekt-training.de/html/wasist.html])
- Kinder Stärken! (Fröhlich-Gildhoff et al. 2007b)

werden ausführlich in Kapitel 3.2 vorgestellt.

IN DIESEM KAPITEL ERFAHREN SIE ...

- etwas zur Leitbildentwicklung einer resilienzförderlichen Kita
- wie seelische Gesundheit und Resilienz von Kindern im Alltag und mit Hilfe von speziellen Programmen gefördert werden kann
- wie die Zusammenarbeit mit Bezugspersonen unter Berücksichtigung der Resilienzperspektive aussehen kann
- etwas zur Netzwerkbildung
- wie die eigenen Maßnahmen und Angebote evaluiert werden können

3. Bausteine zur Förderung von Resilienz

3.1 Baustein 1: Leitbildentwicklung einer resilienzförderlichen Kita

In diesem Unterkapitel erfahren Sie ...
- aus welchen Elementen eine gute Institution bzw. Organisation besteht
- wie ein Leitbild für eine resilienzförderliche Kita entwickelt werden kann
- worauf eine Leitung bei der Einführung von neuen Projekten und Programmen achtet

Die systematische Förderung der Resilienz von Kindern kann als isoliertes Programm oder Projekt eingeführt werden, sie kann – und sollte – allerdings eine (neue) konzeptionelle Verankerung finden; nur dies sichert Nachhaltigkeit von Innovationen. Hierzu ist es nötig, eine Übereinstimmung im Team über das neue Konzept zu finden und sich die Unterstützung von Trägern und Eltern zu sichern – ein wichtiger „Motor" für diese Entwicklung ist die Leitung der Einrichtung. Letztendlich handelt es sich um einen *Prozess der Organisationsentwicklung* der Kindertageseinrichtung, der von möglichst vielen Beteiligten – am besten von allen – mitgetragen werden sollte.

Grundlage dieses Prozesses ist die Einigung auf gemeinsame Ziele, die in ein *Leitbild* münden sollten. Auf die Bedeutung der Verbindung des Organisationsentwicklungsprozesses und der Handlungen und Motivation der Organisationsmitglieder weist Merchel (2005) hin: „Eine Organisation, deren Mitglieder zwar ihre Handlungsmotive gut verfolgen können, aber den Organi-

> Die Grundlage für eine resilienzförderliche Kita ist ein gemeinsam entwickeltes Leitbild

sationszweck aus den Augen verlieren – alle fühlen sich wohl, aber es werden kaum Effekte erzeugt –, ist genauso in ihrem Bestand gefährdet wie eine Organisation, bei der die Organisationsziele und die daraus abgeleiteten Handlungsprogramme so sehr in den Mittelpunkt gestellt werden, dass die Mitglieder sich mit ihren Handlungsmotiven kaum einbezogen und in ihrer Arbeit 'entfremdet' fühlen" (ebd. S. 24 f.).

Das Konzept der Ressourcenorientierung und der Förderung der Resilienz – möglichst nicht nur für die Kinder und Eltern, sondern auch für die Mitarbeiterinnen – kann zu einer Vision werden: „Eine gemeinsame Vision ist keine Idee […] sie ist eher eine Kraft im Herzen der Menschen, eine Kraft von eindrucksvoller Macht […] Auf ihrer einfachsten Ebene ist eine Vision die Antwort auf die Frage: 'Was wollen wir erschaffen?'. So wie persönliche Visionen Bilder oder Vorstellungen sind, die Menschen in ihren Köpfen und Herzen tragen, sind auch gemeinsame Visionen und Bilder, die von allen Mitgliedern einer Organisation geteilt werden. Sie erzeugen ein Gefühl von Gemeinschaft, das die Organisation durchdringt und die unterschiedlichsten Aktionen zusammenhält" (Senge 2006, S. 251 f.).

BAUSTEINE ZUR FÖRDERUNG VON RESILIENZ

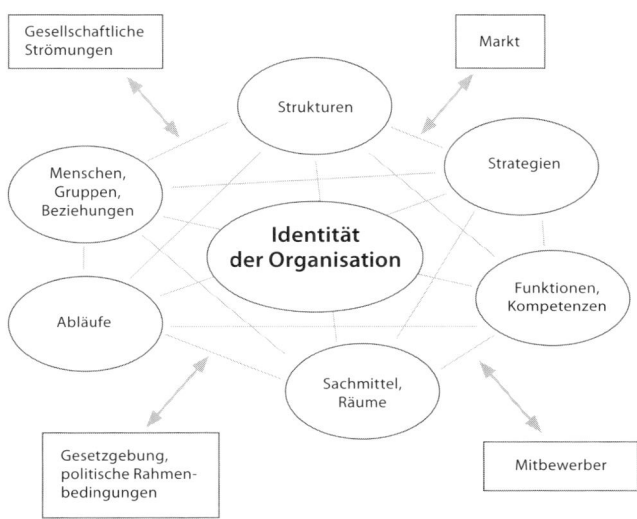

Abbildung 4: Wesenselemente einer Organisation (leicht modifiziert aus Sell 2007, S. 27 in Anlehnung an Baumgartner 2000)

Leitbildentwicklung als Prozess der Organisationsentwicklung

Nach Sell (2007) lassen sich sieben wesentliche *Elemente einer Organisation* beschreiben, die in engen wechselseitigen Beziehungen zueinander stehen. Sie werden in Abbildung 4 genannt. Es handelt sich um ein komplexes Wirkungsgefüge, in dem jeder Faktor mit jedem zusammenhängt und auf ihn Einfluss nimmt. Im Mittelpunkt steht dabei die Identität der Organisation. Hiermit sind nach Sell das „Selbstverständnis der Organisation, der Sinn, die impliziten Grundwerte sowie Normen und Überzeugungen gemeint" (Sell 2007, S. 28). Die Vielfalt dieser Faktoren macht deutlich, dass es sich bei der Entwicklung einer Organisation – ausgehend vom Wunsch, sich neue Ziele zu setzen – um einen komplexen Prozess handelt, der möglichst systematisch durchgeführt und immer wieder selbstreflexiv betrachtet werden sollte. Eine wesentliche Bedeutung bei der Gestaltung dieses Prozesses haben die **Leitungskräfte** der Einrichtungen.

Wie eine Kita sich als Organisation entwickelt, hängt von sieben Faktoren ab

> **Wichtiges im Überblick**
> **Bedeutung von Leitungskräften bei Veränderungen**
> Eine wichtige Rolle bei der Implementierung eines neuen, in diesem Fall leitbildbasierten Konzepts hat die Leitungskraft der Einrichtung inne: sie muss die Motivation für Veränderungen schaffen. Aus einer Vielzahl von Untersuchungen ist bekannt, dass die Zufriedenheit von Mitarbeiterinnen und die Offenheit für Veränderungen eng mit dem Führungsstil der Leitungskraft zusammenhängen (für Kitas: Kliche et al.: 2008, Balz & Spieß 2009). In der Organisationspsychologie (vgl. z.b. Weinert 2004) werden unterschiedliche Führungsstile/ Führungstechniken diskutiert. Am erfolgreichsten sind dabei das sogenannte „leitbildorientierte Führen" und das „Führen über Zielvereinbarung" (Management by objectives; vgl. auch Graf-Götz und Glatz 2001, S. 103 ff). Hier geht es darum, dass zusammen mit dem Team bzw. den einzelnen Mitarbeiterinnen konkrete Ziele festgelegt werden, die in regelmäßigen Abständen miteinander reflektiert werden. Wichtig ist dabei, dass die Mitarbeiterinnen sich mit den Zielen identifizieren und auf dieser Grundlage zu selbständigem Handeln kommen.
>
> Es wird immer wieder Teammitglieder geben, denen Entwicklungen zu schnell gehen oder die aus sich heraus noch nicht bereit sind, Veränderungen mitzutragen. Seitens der Leitung ist es wichtig, konstruktiv mit diesen Widerständen umzugehen, Vertrauen und Sicherheit zu erzeugen und darauf aufbauend Überzeugungsarbeit – auch über andere engagierte Mitarbeiterinnen – zu leisten. Widerstände haben oft mit Unsicherheit oder Angst zu tun, diese müssen stets ernst genommen werden. Generell ist es von großer Bedeutung, Mitarbeiterinnen immer wieder frühzeitig in Entscheidungsprozesse einzubeziehen und Transparenz zu schaffen.

Ein besonders wichtiger Aspekt bei der Organisationsentwicklung ist die **Partizipation der Mitarbeiterinnen** (vgl. Weinert 2004, Fröhlich-Gildhoff 2004), die zu einer höheren Zufriedenheit führt.

Sell (2007) fasst dies unter der Forderung „Betroffene zu Beteiligten machen [zusammen]: Die Methoden mit den besten Realisierungschancen und der höchsten Erfolgswahrscheinlichkeit sind [...] die Methoden, welche unter Einbeziehung der Wünsche und Hoffnungen der Beteiligten und Betroffenen durchgeführt werden" (ebd. S. 49).

Im engen Zusammenhang mit der Organisationsentwicklung steht die Betrachtung und gegebenenfalls Veränderung der in der Organisation herrschenden Normen und Werte, der **Organisationskultur**. „Mit dem Begriff der Organisationskultur wird im Allgemeinen zunächst all das beschrieben, was in der Vergangenheit Verhalten, Arbeitsweisen und Erscheinungsbild einer Organisation prägte" (Fisch & Beck 2006, S. 13). Es handelt sich also um explizit beschriebene Regeln, Verfahrensweisen oder Normen, aber auch implizit vorhandene Normen, Werte und ungeschriebene Regeln. Ein sichtbarer Ausdruck der Organisationskultur sollte das Leitbild der Organisation sein.

Leitbildentwicklung und seine Ziele

Über die Entwicklung eines Leitbilds in Organisationen gibt es mittlerweile relativ viel Literatur (z.B. Graf & Spengler 2004). Das Konstrukt Leitbild wird zunächst allgemein folgendermaßen definiert: „Im Leitbild wird das Selbstverständnis einer Einrichtung auf den Punkt gebracht und schriftlich fixiert. Es ist langfristig angelegt und ein Orientierungsrahmen für die zukünftige Entwicklung der Einrichtung. Das Leitbild beruht auf inneren Bildern und Werten. Es beinhaltet eine Vision die uns in unserem Verhalten leitet, uns eine Perspektive gibt, die wir zu erreichen und zu verwirklichen suchen" (Bongard & Schwarzkopf 2000, zit. nach Hees et al. 2005, S. 9). Nun geht es im vorliegenden Zusammenhang nicht um die allgemeine Entwicklung des Leitbildes einer Organisation, sondern darum, dass das Team einer Kindertageseinrichtung – und im optimalen Fall auch der Träger und die Eltern in der Einrichtung – sich spezifisch mit der Vision auseinandersetzt, eine resilienzförderliche Kindertageseinrichtung zu werden. Daher sind die allgemeinen Prinzipien der Leitbildentwicklung herunterzubrechen auf das konkrete Thema Resilienzförderung und Ressourcenorientierung.

> Ein Leitbild gibt Orientierung und einen Rahmen innerhalb dessen Programme und Angebote entwickelt werden

Vorüberlegungen

Ausgangspunkt jeder Leitbildentwicklung ist eine (selbstbezogene) Analyse zum gegenwärtigen Stand der Organisation, des Teams und der Arbeitsweisen. Eine solche Analyse wird mit dem Begriff **SWOT-** (oder *SPOT*) **Analyse** bezeichnet:

Eine Analyse des Ausgangszustandes sollte Start einer Leitbildentwicklung sein

- **S = Strengths (Stärken)**. Leitfragen hierzu sind: Was läuft besonders gut? Wo liegen unsere besonderen Stärken?
- **W = Weakness (Schwächen)** bzw. *P = problems (Probleme)*. Hier sind die Fragen zu stellen: Was läuft nicht so gut? Wo liegen Schwierigkeiten und möglicherweise Defizite?
- **O = Objectives (Ziele)**. Leitfragen hierzu sind: Wo wollen wir hin? Was soll verändert werden?
- **T = Threats (Gefahren und Risiken)**. Die entsprechenden Leitfragen befassen sich mit den Hindernissen auf dem Weg zum Ziel. (vgl. z.B. Graf & Spengler 2004, S. 88 ff.).

Eine solche Analyse kann von dem Team selber geleistet werden, hilfreich sind Moderatorinnen von außen. Dazu kann methodisch eine Zukunftswerkstatt eingesetzt werden, bei der sich das Team – und möglichst auch Eltern und Träger – Zeit nehmen, um einerseits den Ist-Stand zu beleuchten, andererseits aber auch eine Vision für die gemeinsame weitere Arbeit zu entwickeln. Eine Zukunftswerkstatt folgt klassischerweise in drei Phasen:

Zukunftswerkstätten eignen sich gut, um sich intensiv mit den Zielen der Einrichtung auseinanderzusetzen.

- 1. Phase: Formulierung der Arbeitsgrundlage.
- 2. Phase: Formulierung einer Utopie. Diese Phase soll von großer Offenheit gekennzeichnet sein. Kritik an den Utopien wird zunächst unterdrückt.
- 3. Phase: Realitätsüberprüfung, Strategieentwicklung und Ergebnissicherung.

Konkretes Vorgehen
Erfassung des Ist-Standes
Im Zusammenhang mit der Ressourcen- und Resilienzförderung wird von Anbeginn an sehr deutlich auf die Stärken des Teams und aller einzelnen Mitarbeiterinnen geschaut. Es werden Fragen zur Betrachtung des Ist-Standes aus der *Ressourcenorientierungsperspektive* gestellt. Fragen hierzu sind:
- Was können wir gut? Was gelingt in der Arbeit besonders gut?
Ein methodisches Mittel hierzu ist, dass zunächst die einzelnen Teammitglieder auf eine Karteikarte die drei Aspekte aufschreiben, die ihnen besonders gut gelingen, und diese dann später zusammentragen.
- Welche Methoden und Angebote gibt es bei uns in der Einrichtung? Hier sollte eine detaillierte Liste aller Angebote erstellt werden. Dabei sind auch die Angebote zu berücksichtigen, die vielleicht selbstverständlich erscheinen, wie z.B. der Morgenkreis.

> Bei der Erfassung des Ist-Standes der Kita sollte auf konkrete Formulierungen geachtet werden

- Welche bereits angewandten Methoden bzw. bereits eingeführten Angebote unterstützen bereits die Resilienz bei den Kindern? Zur Klärung dieser Frage ist es hilfreich, die Methoden und Angebote danach zu sortieren, welche Resilienzfaktoren damit gefördert werden.
- Wo setzen wir jetzt schon gezielt(er) die Elemente der Resilienzförderung ein? Wo und wie werden Ressourcen und Stärken von Kindern und Eltern besonders und gezielt beachtet? Wo und wie werden Selbstwert und Selbstbewältigungsfähigkeiten der Kinder besonders geachtet?
- Wo stärken sich die Teammitglieder selber?

Zur Beantwortung dieser Fragen ist es von großem Nutzen, Indikatoren zu bestimmen, die konkret erfassen oder messen, wie die Stärken von Kindern und Eltern systematisch gefördert werden. Ein Analyseelement wäre beispielsweise die Überprüfung, ob wirklich *jedes* Kind mindestens einmal in der Woche sehr deutlich gelobt wird.

In diversen Büchern zur Leitbildentwicklung wird empfohlen, auch Problemanalysen durchzuführen (zum Beispiel Hees et al. 2005, S. 69

oder Graf & Spengler 2004). Im Sinne der Ressourcenorientierungsperspektive kann jedoch darauf verzichten werden.

Zielbestimmung und -beschreibung

Nach der Erfassung des Ist-Standes geht es darum, konkrete Ziele für die weitere Arbeit zu entwickeln. Die Ziele sollten so präzise beschrieben sein, dass es klare Kriterien gibt, die anzeigen, ob das entsprechende Ziel erreicht wurde. Das Ziel „Systematischer Einbau von Elementen der Resilienzförderung in den Alltag der Kindertageseinrichtung" wäre noch zu ungenau. Genauer wäre es beispielsweise, das Element des Lobbuchs (vgl. Kapitel 3.3) für alle Kinder einzuführen und dieses zudem als Ausgangspunkt für Elterngespräche zu nehmen.

Beschreibung von Veränderungsschritten und Verantwortlichkeiten

Wurden die Ziele bestimmt und beschrieben, werden die notwendigen Veränderungsschritte festgelegt sowie die Verantwortlichkeiten und der Zeitrahmen. Die Frage lautet dann: Welches Element der Resilienzförderung – zum Beispiel die Durchführung von Elternkursen – wird wann etabliert und wer trägt dafür die Verantwortung?

Verantwortlichkeiten und Zeitrahmen müssen festgelegt werden

Formulierung des Leitbildes

Die Ergebnisse aller Analysen und Zielformulierungen münden zum Schluss in das Leitbild, das auf einer übergeordneten Ebene Orientierung geben und zugleich der Überprüfung dienen kann. Graf und Spengler (2004) haben Anforderungen an ein solches Leitbild formuliert. Demnach müssen Leitbilder

- „eine Vision formulieren und damit (eine Entwicklungsrichtung) aufzeigen..."
- Werte ausdrücken, Gefühle ansprechen und realisierbar sein.
- Ziele positiv formulieren und sich auf Stärken konzentrieren.
- in ihren Inhalten aufeinander abgestimmt sein.
- „aus der Organisation selbst kommen". Sie können nicht „am grünen Tisch" von Externen gemacht werden (ebd. S. 45).

Die Formulierung eines ressourcenbezogenen Leitbildes dient der Selbstvergewisserung des Teams. Die Gefahr besteht darin, dass das Leitbild ein Papiertiger bleibt und nicht der Reflexion des eigenen Handelns dient.

> Das Leitbild soll als Rahmen dienen und muss deshalb immer wieder überprüft und überarbeitet werden

Leitbildgestützte Teamentwicklung
Die Entscheidung für die Etablierung eines ressourcen- und resilienzorientierten Leitbildes in den Kindertageseinrichtungen hat Auswirkungen auf das Team und die Teamentwicklung. Aufgrund bisheriger Erfahrungen zeigt sich, dass sich das Teamklima insgesamt verbessert. Die pädagogischen Fachkräfte verändern nicht nur ihre Haltung, indem sie klarer die Stärken von Kindern und Eltern sehen und diese fördern, sie erkennen und fördern ebenso die Stärken und Ressourcen der Kolleginnen und Kollegen. Es entsteht eine noch deutlichere *Anerkennungs- und Wertschätzungskultur* (vgl. z.B. Rönnau et al. 2008). Dieser Prozess der Teamentwicklung war in vielen Einrichtungen eine Art

> Resilienzförderung für Kinder und Eltern führt auch zu positiven Veränderungen im Team

Nebeneffekt, er kann aber auch systematisch umgesetzt werden. Nach Balz und Spieß (2009) ist „Teamentwicklung ein Sammelbegriff für Maßnahmen aller Art, die Prozesse in bzw. zwischen kooperierenden Arbeitsgruppen zum Gegenstand haben. Ziel der Umgestaltung bzw. Weiterentwicklung der Kooperation ist die Verbesserung der Effektivität und der psychosozialen Faktoren… Von besonderer Bedeutung sind die Förderung von Selbstreflexion, die Entstehung eines gemeinsamen Grundverständnisses der Teamziele und Arbeitsweisen" (ebd. S. 153). Methodisch ist auch hier der Ausgangspunkt die Selbstanalyse der einzelnen Mitglieder mit den Fragen: Wer bin ich? Was will ich? Wo will ich hin? Anschließend wird die Beziehung zwischen den Mitgliedern betrachtet und die Arbeit anhand der gemeinsamen Ziele abgestimmt (zu Methoden der Teamentwicklung vgl. Balz & Spieß 2009, S. 150 ff.).

Evaluation des Leitbildes

Der Prozess der Realisierung und Implementierung eines Leitbildes zur Resilienzförderung betrifft zentrale Fragen der Organisations- und Teamentwicklung. In diesem Prozess ist es wichtig, das eigene Vorgehen, die eigenen Maßnahmen sowie deren Wirkungen immer wieder zu überprüfen. Dafür bietet sich der so genannte *PDCA-Regelkreis* an (vgl. Abbildung 5). Er umfasst die Phasen:
- P = Planen
- D = Durchführen, also die praktische Umsetzung des Planens
- C = Checken bzw. Analysieren, also das systematische Vergleichen der Ergebnisse mit den geplanten Effekten
- A = Anpassen oder Verbessern.

Abbildung 5: PCDA-Regelkreis nach Edward Demming

Im Kapitel 3.5 werden mögliche Evaluationsmaßnahmen konkret beschrieben.

REFLEXION

(Selbst-)Reflexionsfragen im Team
- Wie fördern wir gegenseitig unsere Stärken?
- Wann und wie unterstützen wir die Einzelnen in ihren Ressourcen?
- Gelingt es uns, eine Kultur der Anerkennung und Fehlerfreundlichkeit miteinander zu leben?

3.2 Baustein 2: Förderung der seelischen Gesundheit und Resilienz von Kindern im Alltag und mit Hilfe von speziellen Programmen

IN DIESEM UNTERKAPITEL ERFAHREN SIE ...
- wie Sie bereits die Resilienz bei Kindern in Ihrer Einrichtung unterstützen
- welche Programme es zur Prävention und Resilienzförderung im Vorschulalter gibt
- wie Sie Resilienz bei Kindern im Alltag fördern können

Die Förderung von Resilienz bei Kindern kann auf verschiedenen Wegen erfolgen. Das kann zum einen mit Hilfe strukturierter Programme geschehen, zum anderen direkt im Alltag. Viele Dinge, die in den Einrichtungen täglich angewendet werden, fördern bereits die Resilienz – es ist vielen pädagogischen Fachkräften nur nicht bewusst.

Worauf eine Einrichtung ihren Schwerpunkt legen sollte, hängt von den jeweiligen Rahmenbedingungen ab. Es ist z.B. wenig sinnvoll, ein strukturiertes Programm zur Resilienzförderung durchzuführen, wenn bereits mehrere Programme zu anderen Themen in der Einrichtung implementiert sind. Bevor also mit der Förderung der Resilienz begonnen wird, sollte das ganze Team gemeinsam überlegen, was in ihrer Einrichtung bereits durchgeführt wird, welche Methoden davon resilienzförderlich sind und was überhaupt an Veränderungen möglich ist (vgl. Kapitel 3.1). Manchmal reicht z.B. eine Umstrukturierung des Alltags, um verschiedene Methoden anders gewichten zu können, in einer anderen Einrichtung sollten dagegen ganz neue Angebote eingeführt werden.

> Jede Einrichtung muss ihre eigenen Schwerpunkte setzen

Entscheidend ist vor allem, dass alle Teammitglieder eventuelle Veränderungen möchten und dass alle über die einzelnen Methoden Bescheid wissen, damit sie von jedem aufgegriffen und umgesetzt werden können (vgl. Kapitel 3.1).

Die positive Beziehung zum Kind als Basis der Resilienzförderung

Unabhängig davon, ob sich eine Einrichtung entscheidet, ein strukturiertes Programm durchzuführen oder Angebote im Alltag zu verankern, spielt die *Beziehung der pädagogischen Fachkraft zu dem Kind* eine entscheidende Rolle. So wird eine positive Beziehung in der Resilienzforschung als entscheidender Schutzfaktor angesehen. Dass dies nicht nur die Eltern sein müssen, sondern auch Personen außerhalb der Familie sein können, belegt eine Reihe von Studien eindrucksvoll (vgl. z.B. DuBois & Silverthorn 2005, Masten & Reed 2002). Gerade bei Kindern, deren Eltern nicht in der Lage sind, ihnen eine warme, emotionale Beziehung zu bieten, können andere Bezugspersonen wichtige Funktionen übernehmen. So konnte z.B. Baker (2006) in einer Studie mit verhaltensauffälligen Grundschülern nachweisen, dass die gute Beziehung zu einer Lehrperson die schulische Entwicklung verbesserte. Die Ausgestaltung der Beziehung ist dabei aber von großer Bedeutung. Bedingungslose Wertschätzung, Vertrauen und Unterstützung bilden die Basis einer tragfähigen Beziehung. Das Kind muss erfahren, dass sich jemand für es interessiert und ihm Dinge zutraut. Die pädagogische Fachkraft ist für das Kind darüber hinaus ein positives Rollenmodell. Die Kauai-Studie (vgl. Kapitel 1.2) zeigte schon früh, dass für Mädchen die eben beschriebene Beziehung zu einer Lehrperson dazu beitrug, wie sie sich im Erwachsenenalter entwickelten (Werner 1993). Dies betrifft insbesondere vorgelebtes konstruktives Bewältigungsverhalten, prosoziales Verhalten und Umgang mit Konflikten (Alvord & Grados 2005; vgl. dazu insgesamt Bengel et al. 2009, S. 106ff.).

Präventions- und Resilienzförderprogramme im Vorschulalter

Die Weltgesundheitsorganisation (WHO) hat 1994 zehn *life skills* (Lebenskompetenzen) definiert, die sie als Grundlage für Präventions- und Interventionsprogramme empfiehlt (WHO 1994, übersetzt von Bühler & Heppekausen 2005). Diese Kompetenzen spiegeln sich in den Resilienzfaktoren (vgl. Kapitel 1.4) wider. Resilienzförderung konzentriert sich deshalb nicht nur auf einzelne Faktoren, sondern beinhaltet die Förderung von verschiedenen personalen und sozialen Schutzfaktoren (vgl. Kapitel 1.3).

Die wenigsten Programme führen Resilienzförderung ausdrücklich als Ziel auf, sondern beziehen sich meistens auf einzelne Faktoren, wie

z.B. die Förderung der sozialen Kompetenz oder der Stressbewältigung.
Der Vorteil von Programmen liegt in der Handlungsorientierung. Die Strukturierung durch ein Manual erleichtert die Umsetzung und bietet kompakt Anregungen zur Förderung verschiedener Faktoren. Für viele Kinder ist es eine besondere Erfahrung, in einer Kleingruppe über einen überschaubaren Zeitraum intensiv an einem Thema zu arbeiten. Es besteht allerdings die Gefahr, sich zu eng an die Vorgaben des Manuals halten zu wollen und nicht mehr flexibel auf die Gruppe zu reagieren. Nur dann, wenn das Manual als ein Roter Faden betrachtet wird, der immer auf die jeweilige Gruppe und Situation bezogen wird, kann ein Programm Erfolg haben. Das erfordert von der durchführenden Fachkraft viel Flexibiltät und Erfahrung in der Umsetzung. Störungen, die in jeder Gruppe auftreten können, müssen aufgegriffen und mögliche Alternativen angeboten werden. Gerade das Auftreten von Störungen ermöglicht es, den Kindern zu zeigen, wie Krisen bewältigt werden können, und die Kursleiterinnen sind den Kindern dabei Modell.

Außerdem reicht es für eine Förderung der Resilienz nicht, nur ein mehrwöchiges Programm anzubieten. Ohne eine kontinuierliche Anbindung an die Lebenswelt der Kinder können die vermittelten Inhalte nur kurzfristige Wirkungen erreichen. Diese kontinuierliche Anknüpfung beinhaltet zum einen Elemente, die z.B. täglich oder wöchentlich in den Kita-Alltag eingebaut werden und die die Kinder selbstständig anwenden können (siehe unten), zum anderen die Weiterführung von Inhalten zu Hause, also bei den Eltern (vgl. Kapitel 3.3).

Für eine nachhaltige Resilienzförderung ist eine kontinuierliche Anknüpfung an die Lebenswelt der Kinder Voraussetzung

Das Vorschulalter ist erst in den letzten Jahren in den Blickpunkt der Prävention genommen worden. Im Zuge der fachlichen Entwicklung der Frühpädagogik und den damit verknüpften Anforderungen an Bildungsprogramme (z.B. Kasüschke & Fröhlich-Gildhoff 2008), aber auch durch die Studienergebnisse der Resilienz- und Kleinkindforschung, wurden vermehrt Programme für das Vorschulalter entwickelt. Die wenigsten sind allerdings bisher auf ihre Wirkungen hin evaluiert

Programme zur Resilienzförderung sollten mehrere Ebenen einbeziehen und sich nicht nur auf die direkte Arbeit mit dem Kind konzentrieren

worden (vgl. Beelmann 2006). Der Großteil der Programme hat die direkte Arbeit mit den Kindern im Fokus, nur eine geringe Anzahl berücksichtigt mehrere Ebenen, wie z.b. die der Eltern, die der pädagogischen Fachkräfte und die des sozialen Umfelds. Nachweislich wurde aber belegt, dass insbesondere Konzepte, die multimodal arbeiten, die nachhaltigsten Effekte erzielen.

In Deutschland gibt es zur Zeit drei wissenschaftlich fundierte Programme für das Vorschulalter, deren Effektivität nachgewiesen wurde und die auf verschiedenen Ebenen integriert ansetzen: „Papilio" (Scheithauer et al. 2005), „EFFEKT" (Lösel et al. 2006) und „Kinder Stärken!" (Fröhlich-Gildhoff et al. 2007b).

Papilio

„Papilio" (lateinisch für Schmetterling, der für Leichtigkeit steht) ist für Kinder im Alter von 3–6 Jahren geeignet und hat die Verminderung von Verhaltensauffälligkeiten durch **Förderung sozial-emotionaler Kompetenzen** zum Ziel. Der Entwicklung von Gewalt und Sucht soll damit vorgebeugt werden. „Papilio" qualifiziert die pädagogischen Fachkräfte durch Fortbildungen, und diese führen dann selbst mit den Kindern drei Module durch: eine interaktive Geschichte zur Förderung der emotionalen Kompetenzen, ein spielzeugfreier Tag in der Woche sowie soziale Regelspiele zur Unterstützung des prosozialen Verhaltens und der Selbstregulation. Die Eltern werden in Form von themenbezogenen Elternabenden integriert und erhalten Materialien, mit denen sie Elemente zu Hause weiterführen können (Mayer et al. 2004).

EFFEKT – Entwicklungsförderung in Familien: Eltern- und Kindertraining

„EFFEKT – Entwicklungsförderung in Familien: Eltern- und Kindertraining" verbessert bei Kindern im Alter von 4–7 Jahren **soziale Problemlösefertigkeiten und Kompetenzen** und bietet Eltern Unterstützung in Erziehungsfragen durch ein mehrwöchiges Elterntraining.

Das Kindertraining „Ich kann Probleme lösen" umfasst 15 Einheiten und wird von externen Kursleiterinnen in der Kita durchgeführt. Der fünfwöchige Elternkurs soll dazu beitragen, die positive Eltern-Kind-Bindung zu stärken und Belastungen der Eltern abzubauen.

BAUSTEINE ZUR FÖRDERUNG VON RESILIENZ

Kinder Stärken!

„Kinder Stärken!" ist ein multimodales Resilienzprogramm, welches vier Bausteine enthält:
- Baustein 1: Die Arbeit mit den pädagogischen Fachkräften
- Baustein 2: Die Resilienzförderung der Kinder durch den Kinderkurs „PRiK" (Prävention und Resilienzförderung in der Kindertagesstätte, s. unten)
- Baustein 3: Die Arbeit mit den Eltern
- Baustein 4: Die Einbeziehung des Netzwerks um die Kita.

Durch die Integration aller Bausteine in einer Kita kann eine umfassende **Resilienzförderung** und eine nachhaltige Entwicklung gewährleistet werden.

Das Programm wurde in einem zweijährigen Projekt des Zentrums für Kinder- und Jugendforschung an der Evangelischen Hochschule Freiburg in vier Kindertageseinrichtungen auf seine Wirksamkeit hin überprüft. Dafür wurden in einem Kontrollgruppendesign die Prozesse und Ergebnisse mit qualitativen und quantitativen Methoden (standardisierte Tests) evaluiert. Die Ergebnisse zeigen eine hohe Akzeptanz und positive Resonanz bei allen Zielgruppen sowie signifikant positive Ergebnisse bei den Kindern der Durchführungsgruppe im Bereich des Selbstkonzepts und der kognitiven Entwicklung. Eine Zusammenfassung der Ergebnisse kann bei Rönnau et al. (2008) nachgelesen werden.

„PRiK – Prävention und Resilienzförderung in der Kindertagesstätte" bildet die Grundlage für den 2. Baustein des Programms „Kinder Stärken!". Im Folgenden wird der Kinderkurs PRiK deshalb in seinen Grundzügen beschrieben und es wird dargestellt, wie die einzelnen Elemente auch im Alltag umgesetzt werden können. Es soll dadurch verdeutlicht werden, wie ein Kurs zur Resilienzförderung in Kitas aufgebaut und eine Verknüpfung im Alltag erfolgen kann. Die Einheiten können im Einzelnen bei Fröhlich-Gildhoff et al. (2007b) nachgelesen werden.

PRiK – Prävention und Resilienzförderung in der Kindertagesstätte

Der Kinderkurs *„PRiK – Prävention und Resilienzförderung in der Kindertagesstätte"* umfasst sechs Bausteine, die sich an den sechs Resilienzfaktoren (vgl. Kapitel 1.4) orientieren. Jeder Baustein beinhaltet drei bis vier Einheiten, insgesamt sind es zwanzig Einheiten. Jede Einheit dauert zwischen 35 und 50 Minuten, je nach Alter und Konzentrationsspanne der Kinder. Vorgesehen sind pro Woche zwei Einheiten, so dass der Kurs nach zehn Wochen beendet ist. Für ältere Kinder ist es aber möglich, den Kurs nur einmal in der Woche stattfinden zu lassen, falls die Struktur der Einrichtung es nicht anders zulässt. Für jüngere Kinder (4–5 Jahre) ist es teilweise zu schwierig, an dem anzuknüpfen, was in der vorherigen Woche Thema war. Sie profitieren mehr von einer kompakteren Vorgehensweise.

Sechs Bausteine analog der Resilienzfaktoren beinhaltet der Kinderkurs zur Resilienzförderung

Der Kurs ist grundsätzlich für alle Kinder im Alter zwischen vier und sechs Jahren geeignet. Es sollten aber immer nur Kinder eines Alters bzw. Reifegrades in einer Gruppe zusammengefasst werden, damit kein Kind unter- oder überfordert ist. An dem Kurs sollten alle Kinder der Einrichtung teilnehmen. Es ist kein Interventionsprogramm für besonders auffällige Kinder, sondern ein Präventionskurs für *alle* Kinder. Es ist deshalb nicht als Therapieprogramm für Kinder mit besonderen Schwierigkeiten gedacht, sondern soll dazu beitragen, die sechs Resilienzfaktoren bei allen Kindern zu fördern. Das kann dazu führen, dass sich bei manchen Kindern Auffälligkeiten vermindern, da die Arbeit in einer kleinen Gruppe und die Orientierung an den Stärken vielen Kindern sehr gut tut. Der Kurs ist aber kein Ersatz für eine Einzelförderung oder gar Therapie.

Der Kurs kann von zwei Handpuppen begleitet werden, die als Identifikationsfiguren dienen können. Hilfreich ist es deshalb, wenn eine Handpuppe eher eine ruhige, teilweise schüchterne Rolle einnimmt, die andere lebhafter und kommunikativer ist. Was es für Handpuppen sind, spielt keine Rolle, entscheidend ist, dass sich die Kursleitung in ihrer Rolle wohlfühlt. Wenn die Kursleitung sich unwohl im Umgang mit den Handpuppen fühlt, können diese auch weggelassen werden. Sie dienen lediglich als Unterstützung, die dann wegfällt, wenn sich die Kursleitung dadurch belastet fühlt.

Jede Einheit beginnt und endet mit einem Anfangs- und Abschlussritual. Welches Ritual hierfür gewählt wird, liegt im Ermessen der Kursleitung und den Vorlieben der Kinder. Entscheidend ist, dass jede Stunde mit derselben Methode beginnt und aufhört (siehe unten, Gründe für Rituale). Es hat sich bewährt, entweder zu Beginn oder am Ende ein Ritual einzuführen, bei dem die Kinder sich selber mitteilen können, z.B. wie es ihnen geht oder wie ihnen die Stunde gefallen hat. So lernen die Kinder, sich auszudrücken und ihre eigene Meinung mitzuteilen.

Das Manual dient als Roter Faden, an denen sich die Kursleiterinnen orientieren können. Eine Einheit muss nicht genau nach den Vorgaben durchgeführt werden, sondern sollte sich vor allem an den Bedürfnissen der jeweiligen Gruppe orientieren. Jede Gruppe hat ihre eigene Dynamik, ihre eigenen Schwierigkeiten und Fähigkeiten. So braucht die eine Gruppe mehr Bewegungsspiele, die andere mehr Zeit zum Austausch oder zur Einzelarbeit. Auch können Themen von außen in die Gruppen hineingetragen werden, wie z.B. eine Meldung aus den Nachrichten oder ein Ereignis am Wochenende in der Familie. Es ist wichtiger, die Themen der Kinder aufzugreifen und anhand dessen die Resilienzfaktoren zu vermitteln, als Themen zu verwenden, die nicht an ihrer Lebenswelt anknüpfen.

> Das Manual dient als Roter Faden, der sich an den Bedürfnissen der Gruppe orientiert

Im Folgenden werden zu jedem der sechs Resilienzfaktoren, die auch den Bausteinen des Programms „PRiK" entsprechen, einzelne Elemente exemplarisch herausgenommen und der Bezug bzw. die Umsetzung im Alltag dargestellt. Viele Methoden, die im Alltag angewendet werden, fördern Resilienz, ohne dass dies den pädagogischen Fachkräften bewusst ist. Im Folgenden werden deshalb verschiedene Standardsituationen in Kitas näher auf ihre resilienzförderlichen Aspekte hin betrachtet, den verschiedenen Resilienzfaktoren zugeordnet und ihre Wirkung in Bezug auf Resilienz bewertet.

> Viele Standardsituationen in der Kita fördern die Resilienz vor Kindern

Selten unterstützt ein Angebot oder eine Situation einen isolierten Resilienzfaktor. In der Regel werden verschiedene Faktoren gleichzeitig angeregt, da sie sich gegenseitig bedingen. Die verschiedenen Anregungen fördern aber häufig einen oder zwei Faktoren besonders stark, sie werden deshalb einem Faktor zugeordnet und auf die Bezüge zu den anderen hingewiesen.

Resilienzfaktor 1: Selbstwahrnehmung

„Resiliente Kinder kennen die verschiedenen Gefühle und können sie adäquat ausdrücken (mimisch und sprachlich). Sie können Stimmungen bei sich und anderen erkennen und einordnen. Außerdem können sie sich, ihre Gefühle und Gedanken reflektieren und in Bezug zu anderen setzen" (vgl. Fröhlich-Gildhoff & Rönnau-Böse 2009, S.45).

Darüber hinaus gehört zur *Selbstwahrnehmung* auch das Kennen des eigenen Körpers und seiner Sinne. Um dies zu erreichen ist es zunächst wichtig, das Thema Gefühle aufzugreifen. Dazu müssen sie benannt werden und es wird verdeutlicht, woran sie zu erkennen sind. Dies kann anhand verschiedener Methoden erfolgen. So gibt es eine Reihe von **Bilderbüchern**, die in das Thema Gefühle einführen, wie z.B. „Der Seelenvogel" (Snunit 1991) oder „Ein Dino zeigt Gefühle" (Manske & Löffel 1996). Bei der Auswahl des Buches sollte darauf geachtet werden, dass mehrere Gefühle angesprochen werden und dass auch Mimik und Körperhaltung eine Rolle spielen.

> Übungen zum Thema Gefühle unterstützen eine positive Selbstwahrnehmung

In „PRiK" wird neben einem Bilderbuch auch eine **Gefühlsuhr** eingesetzt, die anstatt Zahlen verschiedene Gesichter zeigt, auf die mit Zeigern gezeigt werden kann. Die Kinder können auf dieser Uhr einstellen, wie sie sich gerade fühlen (Fröhlich-Gildhoff et al. 2007b, S. 56). Alternativ können statt der gezeichneten Gesichter auch Fotos der Kinder verwendet werden. Dafür werden von jedem Kind Fotos zu jedem Gefühlsausdruck angefertigt, so dass ein Kind eine Gefühlsuhr mit seinen Gesichtern darauf hat. Diese Uhr sollte nicht nur im Kinderkurs verwendet werden, sondern auch zu Hause und in der Einrichtung. Die Kinder dürfen die Uhr deshalb mit nach Hause nehmen. Für die Einrichtung würde es sich anbieten, eine große Uhr mit Gesichtern von verschiedenen Kindern herzustellen. Diese kann entweder im Gruppenraum aufgehängt oder eine kleinere Version im Morgenkreis verwendet werden. Jedes Kind kann hier z.B. einstellen, wie es ihm geht, und wenn es möchte, etwas dazu sagen.

Natürlich ist ein sehr wichtiger Aspekt, als pädagogische Fachkraft selber über eigene Gefühle zu sprechen und auf die entsprechende Körperhaltung und Mimik abzustimmen. Hilfreich kann dabei sein, sich mit den Kindern vor einen Spiegel zu stellen und darauf aufmerksam zu machen, welche Mimik und Gestik verdeutlicht, wie es einem gerade geht.

Weitere Themen zur Selbstwahrnehmung sind der Körper und seine verschiedenen Sinne. Unterstützend können hier das Malen von Körperbildern sein und alle Arten von Sinnesspielen, wie sie z.B. bei Kimspielen (Spiele zu Gedächtnis und Merkfähigkeit) verwendet werden (vgl. auch Fröhlich-Gildhoff et al. 2007b, S. 49ff). Darüber hinaus regen Sinnesräume oder -ecken zum Entdecken und Ausprobieren der Sinne an. Weitere Beispiele finden sich bei Zimmer (2009).

 Praxistipp für Erzieherinnen

Selbstwahrnehmung wird im Alltag gefördert durch:
- Spiele zur Sinneswahrnehmung
- Räume, die die Sinne anregen
- Bücher, Gespräche, Spiele zu Gefühlen
- Reflexionen über Gefühle
- Vorbilder, die über eigene Gefühle sprechen

Resilienzfaktor 2: Selbststeuerung
„Resiliente Kinder können sich und ihre Gefühlszustände selbständig regulieren bzw. kontrollieren. Sie wissen, was ihnen hilft, um sich selber zu beruhigen und wo sie sich ggf. Hilfe holen können. Sie kennen Handlungsalternativen und Strategien zur Selbstberuhigung und haben gelernt, innere Anforderungen zu bewältigen und ihnen zu begegnen" (Fröhlich-Gildhoff & Rönnau-Böse 2009, S. 46).

Studien der Resilienzforschung zeigen, dass Kinder mit einer höheren Resilienz ihre Impulse besser kontrollieren können, ihr Verhalten steuern und dadurch eher positive Aufmerksamkeit von anderen bekommen (vgl. z.B. Li-Grining et al. 2006).

Strategien zur Selbstberuhigung, die in verschiedenen Situationen angewendet werden können, laufen bei Erwachsenen im Kopf ab. Sie sind sozusagen eine „innere Stimme", die sie einsetzen können, um sich selbst zu beruhigen, um sich Mut zu machen oder sich anzutreiben. So kann z.B.

> Strategien der Selbstregulation müssen kontinuierlich im Alltag eingesetzt werden

eine Strategie sein, sich selber zu sagen, erst einmal tief durchzuatmen, und dann zu überlegen, wie es weitergehen kann. Für Kinder ist es schwierig, diese Abläufe im Kopf durchzugehen. Für sie ist es hilfreicher, wenn sie dafür eine sichtbare Erinnerung erhalten. Aus diesem Grund wird in „PRiK" ein **Ampelsystem** verwendet: Anhand von drei Schritten können die Kinder in verschiedensten Situationen lernen, ihre Gefühle zu regulieren. Bei Rot heißt es „Stopp!" (z.B. „ich höre auf, wütend zu sein"), bei Gelb sollen die Kinder überlegen, welche Handlungs- und Reaktionsmöglichkeiten sie haben, und bei Grün müssen sie sich für eine Möglichkeit entscheiden. Dafür wird eine große Ampel hergestellt, bei der sich die drei Farben mit Klettverschluss ablösen lassen. Je nach Schritt wird eine Farbe entweder an- oder abgehängt (Fröhlich-Gildhoff et al. 2007b, S. 60ff.). Die Ampel kann sehr gut im Alltag verwendet werden. Dafür sollte sie im Gruppenraum aufgehängt und für die Kinder gut erreichbar sein. Sie kann z.B. bei Konfliktsituationen verwendet werden oder wenn etwas entschieden werden muss. So kann es z.B. heißen: „Stopp! Wir hören jetzt auf, uns zu streiten" (Phase Rot), anschließend. „Wir überlegen gemeinsam, wie wir uns wieder vertragen können" (Phase Gelb) und zum Schluss „Entscheiden wir uns für eine Lösung, die wir bei Gelb überlegt haben" (Phase Grün).

Das Ampelsystem sollte nach Möglichkeit auch den Eltern erläutert werden, damit es auch zu Hause angewendet wird. Je häufiger es zum Einsatz kommt, desto leichter wird es den Kindern fallen, die Schritte auch ohne reales Vorliegen der Ampel anzuwenden, sondern die Farben im Kopf durchzugehen. Einschränkend ist aber festzuhalten, dass für vierjährige Kinder diese Aufgabe noch zu schwierig ist und vor allem die Übertragung auf verschiedene Situationen noch nicht gelingt. Es sind natürlich auch ganz andere bildliche Darstellungen möglich, um die drei Schritte kindgerecht zu vermitteln.

Eine wichtige Rolle spielen **Rituale** im Ablauf einer Kita. Sie helfen, den Tag zu strukturieren, sich zu orientieren, und vor allem geben sie dem Kind das Gefühl von Verlässlichkeit. Gerade in einer multimedialen und vielfältigen Gesellschaft, in der Kinder sehr vielen verschiedenen Reizen und Eindrücken ausgesetzt sind, brauchen sie Stabilität und Orientierung.

Erst in einer Umgebung, in der sich ein Kind sicher fühlt, beginnt es zu explorieren und neue Erfahrungen zu verarbeiten. Durch eine stets gleiche Struktur und durch sich wiederholende Handlungen entwickelt es Sicherheit und Vertrauen, um sich (innerlich) frei bewegen und handeln zu können. Diese sichere Umgebung kann u.a. durch Rituale geschaffen werden. Gerade Kinder, die zu Hause wenig Beständigkeit erleben, bei denen es wenig Regelmäßigkeiten gibt, erleben in der Kita vielleicht zum ersten Mal etwas, worauf sie sich verlassen können. „Die Bedeutung einer Alltagsstruktur, die konsistent und vorhersehbar ist, sowie die Wichtigkeit wiederkehrender Rituale (…) werden in aktuellen Studien immer wieder hervorgehoben" (Bengel et al. 2009, S. 89). Insbesondere Kinder, die über geringe Selbststeuerungsfähigkeiten verfügen, profitieren von klaren Strukturen.

Rituale schaffen Vertrauen und Sicherheit

Das Erleben einer kontinuierlichen Bezugsperson steht dabei an erster Stelle, wie alle Resilienzstudien eindrücklich belegen konnten (vgl. z.B. Baker 2006). Bengel et al. (2009) berichten von einer Studie von Noppe et al. (2006), in der die Resilienz der Kinder und Jugendlichen, die die Ereignisse des 11. September 2001 erlebten, besser war, je mehr die schulische Routine und Struktur erhalten blieb.

Ein standardisiertes Ritual sind die **Morgen-** bzw. **Abschlusskreise, die für die Kinder den Beginn bzw. Abschluss eines Tages markieren**. Aber auch gemeinsame Essenszeiten und regelmäßige Abhol- und Bringzeiten erleichtern es den Kindern, sich in ihrer Welt zurechtzufinden und offen für neue Lernerfahrungen zu sein. Weitere Beispiele finden sich bei Langlotz et al. (2008).

▶▶ Praxistipp für Erzieherinnen

Selbststeuerung wird im Alltag gefördert durch:
- Strategien zur Selbstregulation
- Regelmäßige Abläufe und Rituale
- Regelspiele
- Rückmeldungen über das eigene Handeln

- Strukturierte und klare Abläufe
- Lautes Aussprechen von Selbstinstruktionen

Resilienzfaktor 3: Selbstwirksamkeit

„Resiliente Kinder kennen ihre eigenen Stärken und Fähigkeiten und sind stolz darauf. Sie können ihre Erfolge auf ihr Handeln beziehen und wissen, welche Strategien und Wege sie zu diesem Ziel gebracht haben. Sie können diese Strategien auf andere Situationen übertragen und wissen welche Auswirkungen ihr Handeln hat und vor allem, dass ihr Handeln auch etwas bewirkt" (Fröhlich-Gildhoff & Rönnau-Böse 2009, S. 48).

Ein Kind, das viele Selbstwirksamkeitserfahrungen erleben kann, ist sich seiner Fähigkeiten bewusst und geht mit einem anderen Selbstverständnis an neue Aufgaben heran. Es traut sich mehr zu und vertraut seinen Kompetenzen.

Eine Voraussetzung von Selbstwirksamkeit ist die *Kenntnis der eigenen Fähigkeiten und Kompetenzen,* um sie gezielt einsetzen zu können. Eine Methode, die sich in allen Altersstufen bewährt hat, ist das **Stärkenbuch.** Dazu erhält jedes Kind der Einrichtung ein kleines Heft, in dem alle seine Stärken und Fähigkeiten schriftlich festgehalten werden. Dies sollte immer gemeinsam mit dem Kind erfolgen. Der Erwachsene schreibt seine Gedanken und Ideen in das Heft, und das Kind kann dazu ein Symbol o.ä. malen. Dieses Buch sollte möglichst die ganze Kindergartenzeit über genutzt, ergänzt und dem Kind immer wieder vorgelesen werden. Gerade in Situationen, in denen ein Kind sich hilflos fühlt, kann es unterstützend sein, ihm noch einmal seine Kompetenzen vor Augen zu führen, die es evtl. in der augenblicklichen Situation nutzen kann (vgl. Fröhlich-Gildhoff et al. 2007b, S. 72).

Ein Kind muss seine Stärken kennen, um sich als selbstwirksam zu erleben

Sehr wichtig ist allerdings, dass es sich hierbei nicht um ein Buch handelt, mit dem zu bestimmten Zeiten gelobt und bestraft wird. Aus dem Buch kann nichts herausgestrichen werden, und der Inhalt ist auch nicht an Bedingungen geknüpft. Außerdem sollte darauf geachtet werden, dass nicht nur Fähigkeiten notiert werden, die mit Leistungen verbunden sind, wie z.B. bis zehn zählen können, sondern auch Kompetenzen, die unabhängig davon sind. Bevor diese Methode mit

den Kindern durchgeführt wird, sollte sich die Kursleitung zu jedem Kind etwas überlegt haben. Sonst besteht die Gefahr, dass bei einem Kind nur sehr wenig notiert, bei anderen sehr viel geschrieben wird. Folgende Kompetenzen könnten z.B. in das Stärkenbuch eingetragen werden:
- Du kannst andere zum Lachen bringen.
- Du kannst schnell rennen.
- Du kannst gut trösten.
- Du hast tolle Ideen.
- Du bist sehr kreativ.
- Du kannst Dir viele Dinge merken.
- Du kannst gut erzählen.
- Dich mögen viele Menschen.
- Du kannst schon alleine nach Hause gehen.
- Du kannst Dich ohne Hilfe anziehen.

Eine ähnliche Vorgehensweise verfolgen die **Bildungs- und Lerngeschichten** (vgl. Leu et al. 2007). Aber auch **Portfolios,** die die Entwicklung des Kindes dokumentieren, sind gut geeignet, ihnen aufzuzeigen, was sie bisher erreicht haben und wo ihre Stärken liegen.

Neben diesen Methoden gilt es vor allem, Kindern überhaupt Situationen zu ermöglichen, in denen sie Selbstwirksamkeitserfahrungen machen können. Das bedeutet je nach Alter und je nach Kind ganz unterschiedliche Aufgaben. Es sollten aber Aufgaben sein, die für das Kind eine machbare Herausforderung darstellen und in seiner „Zone der nächsten Entwicklung" liegen (Wygotski 1987). Eine Studie von Christle et al. (2005) verdeutlicht die positive Auswirkung auf die Resilienz von hohen, aber erreichbaren Erwartungen an Kinder. Anleitung und Ermutigung haben diesen Prozess noch unterstützt (vgl. Bengel et al. 2009, S. 112). Positive Selbstwirksamkeitserfahrungen führen zu einem positiven Selbstbild und zu einer Steigerung des Selbstwertes. Erfolgserfahrungen können auch durch Etappenziele vermittelt werden. Das sind Aufgaben, die sich im Alltag ergeben; sie müssen nicht konstruiert werden. So kann es z.B. für ein Kind eine Herausforderung sein, den Tisch zu decken, ohne etwas kaputt zu machen; für

> Kinder brauchen Selbstwirksamkeitserfahrungen für ein positives Selbstbild

ein anderes Kind ist es ein Erfolg, sich alleine anzuziehen. Wichtig ist danach die Reflexion. Dem Kind muss bewusst gemacht werden, wie es zu diesem Erfolg gekommen ist und dass es sein eigenes Handeln war, das es dahin gebracht hat. Dabei geht es nicht darum, den Kindern nur Erfolge zu verschaffen, sondern ihnen vor allem das Gefühl zu geben, ihnen etwas zu zutrauen. Genauso wichtig ist die Reflexion über Misserfolge: Warum bin ich nicht zum Ziel gekommen? Welche meiner Fähigkeiten hätte ich einsetzen können, damit es geklappt hätte? Was muss ich beim nächsten Mal anders machen?

Unterstützend wirkt darüber hinaus, Kinder im Alltag zu beteiligen. Eine Studie von Opp und Wenzel (2003) an Schulen konnte zeigen, dass Schülerpartizipation sich positiv auswirkt. Für den Alltag in der Kita könnte das bedeuten, die Kinder in Entscheidungen mit einzubinden, z.B. über ein Kinderparlament (vgl. hierzu z.B. Kirstein 2008), oder ihnen Aufgaben zu übertragen, die für den Ablauf in der Kita wichtig sind.

▶▶ Praxistipp für Erzieherinnen

Selbstwirksamkeit wird im Alltag gefördert durch:
- Aufzeigen der Stärken und Fähigkeiten
- Altersgerechte Herausforderungen
- Zutrauen zum Kind
- Reflexion über Handlungen, Erfolge und Misserfolge
- Urheberschaftserfahrungen („ich verursache Effekte")
- Portfolios, die die Entwicklung des Kindes dokumentieren
- Bildungs- und Lerngeschichten
- Übertragung von Verantwortung, wie z.B. die Übernahme von Aufgaben, die wichtig für die Kita oder die Gruppe sind, etwa den Tisch zu decken oder Liedblätter zu verteilen
- Partizipation bei Entscheidungen, z.B. in Form eines Kinderparlaments oder durch das Verteilen von Aufgaben

Resilienzfaktor 4: Soziale Kompetenz

„Resiliente Kinder können auf andere Menschen zugehen und Kontakt aufnehmen. Sie können sich in andere einfühlen und soziale Situationen einschätzen. Sie können sich aber auch selbst behaupten und Konflikte adäquat lösen" (Fröhlich-Gildhoff & Rönnau-Böse 2009, S. 51).

Soziale Kompetenz wird in vielen Studien als sehr gewichtig für die Entwicklung von Resilienz eingeschätzt. Im Alltag der Kindertageseinrichtung gibt es viele Möglichkeiten, die soziale Kompetenz von Kindern zu unterstützen. Eine gängige Methode sind z.B. Kooperationsspiele (vgl. z.B. Fröhlich-Gildhoff et al. 2007b, S. 76) oder **Rollenspiele**. Letztere müssen oft nicht angeleitet werden, sondern ergeben sich in verschiedenen alltäglichen Situationen; Materialien wie Verkleidungsmöglichkeiten regen dazu an. Eine weitere Möglichkeit ist die Übernahme von Patenschaften für jüngere Kinder durch Vorschulkinder. Hierdurch lernen sie Verantwortung für andere zu übernehmen und sich in die Situation einer anderen Person hineinzuversetzen.

> Soziale Kompetenz lässt sich am Modell lernen

Kinder können sich in prosozialen Beziehungen gegenseitig **Modell** sein. Studien betonen aber, dass es sich um *prosoziale* Freundschaften handeln muss, damit sie schützend wirken können. So ist der Kontakt zu einer Gruppe gewalttätiger Jugendlicher, in der sich enge Freundschaften entwickeln, nicht positiv für die soziale Kompetenz der Jugendlichen (Lösel & Bender 2007). Wichtige Modelle beim Erlernen sozialer Kompetenzen sind auch die erwachsenen pädagogischen Fachkräfte.

Am besten eignen sich aber **Alltagssituationen,** die sich automatisch ergeben, wenn eine Gruppe von Kindern täglich zusammen ist. Die pädagogische Fachkraft sollte vor allem darauf achten, dass alle Aspekte der sozialen Kompetenz gefördert werden. Das bedeutet nicht nur die adäquate Interaktion, sondern auch Empathiefähigkeit, das Eingehen und Aufrechterhalten von Beziehungen sowie die Reflexion von sozialen Situationen.

Es gibt zahlreiche Veröffentlichungen (z.B. Hillenbrand et al. 2009, Petermann & Petermann 2006) zur Förderung der sozialen Kompetenz, weshalb an dieser Stelle nicht ausführlicher darauf eingegangen wird.

▶ Praxistipp für Erzieherinnen

Soziale Kompetenz wird im Alltag gefördert durch:
- Rollenspiele
- Kooperationsspiele
- Reflexion von sozialen Situationen
- Übungen zur Empathiefähigkeit
- Lösung von Konflikten
- Patenschaften für jüngere Kinder
- Zuhören, wenn Kinder erzählen

Resilienzfaktor 5: Umgang mit Stress

„Resiliente Kinder können für sie stressige Situationen einschätzen und kennen ihre Grenzen. Sie kennen Bewältigungsstrategien und ihre Anwendungen. Sie wissen, wie sie sich Unterstützung holen können und wann sie diese brauchen. Sie können die Situationen reflektieren und bewerten" (Fröhlich-Gildhoff & Rönnau-Böse 2009, S. 52).

Die meisten Kinder kennen das Wort „Stress" von ihren Eltern, aber auch im Alltag der Kita fällt es immer wieder. Die genaue Bedeutung ist vielen Kindern aber nicht bekannt. Aus diesem Grund ist als erster Schritt eine Begriffsklärung notwendig. Es muss z.B. verdeutlicht werden, welche körperlichen Veränderungen mit Stress verknüpft werden. Zu nennen sind hier beispielsweise Herzrasen, Kopfschmerzen, Schlafmangel oder „Bauchgrummeln". Im zweiten Schritt kann dann mit den Kindern gemeinsam überlegt werden, welche Faktoren zu Stress, Sorgen, Angst und besonderer Belastung führen und wie mit diesem Stress am besten umgegangen werden kann. Die Resilienzforschung zeigt dafür verschiedene Vorgehensweisen. In der Regel zeigen resiliente Kinder und Jugendliche ein aktives und flexibles Bewältigungsverhalten (**Coping**). Unter bestimmten Umständen können aber auch **Vermeidungsstrategien** unterstützend sein. Dies gilt insbesondere für den Umgang mit unkontrollierbaren Stressfaktoren. „Proaktives Coping führt auf Dauer dazu, dass neue Fähigkeiten erworben und Ressourcen erschlossen werden, die auch für den Umgang mit zukünftigen Stressoren wichtig sein können" (vgl. dazu Bengel et al. 2009, S.80 ff).

> Verschiedene Stress-Situationen erfordern unterschiedliche Bewältigungsstrategien

Praktisch kann dies zum einen mit Hilfe von **Entspannungsübungen** geschehen, zum anderen durch **Bewegung**. Entspannung kann z.B. mit Fantasiereisen erreicht werden. Viele Beispiele finden sich bei Müller & Meister (2007). Im Alltag sollten in den Tagesablauf immer wieder Ruhephasen eingebaut werden, und in vielen Einrichtungen gibt es Räume oder Ecken, in denen die Kinder sich zurückziehen können.

In der Einrichtung sollten genügend Bewegungsmöglichkeiten vorhanden sein, um den Kindern die Wirkung von Bewegung zu verdeutlichen. Dies kann mit Hilfe von verschiedenen Bewegungsspielen erreicht werden (vgl. Fröhlich-Gildhoff et al. 2007b, S. 82 oder Zimmer 2009) oder durch eine Bewegungsbaustelle.

Wie schon bei den vorherigen Einheiten ist auch beim Umgang mit Stress darauf zu achten, mit den Kindern über die Herangehensweise zu sprechen und die Wirkung zu reflektieren.

 Praxistipp für Erzieherinnen

Stressbewältigungskompetenzen werden im Alltag gefördert durch:
- Reflektieren von stressigen Situationen
- Vorleben aktiver Bewältigungsstrategien
- Bewegungsspiele
- Bewegungsbaustelle
- Räume mit Rückzugsmöglichkeiten
- Entspannungsübungen
- Fantasiereisen

Resilienzfaktor 6: Probleme lösen

„Resiliente Kinder haben gelernt, sich realistische Ziele zu setzen. Sie trauen sich, Probleme direkt anzugehen und kennen dafür Problemlösestrategien. Sie sind in der Lage, verschiedene Lösungsmöglichkeiten zu entwickeln" (Fröhlich-Gildhoff & Rönnau-Böse 2009, S. 55).

Problemlösefertigkeiten entwickeln sich erst im Vorschulalter, deshalb brauchen Kinder in diesem Alter noch viel Unterstützung und Begleitung. In „PRiK" geht es vor allem darum, verschiedene Problemsituationen zu reflektieren und die einzelnen Schritte zur Problemlösung bewusst zu machen. Ziel ist, allgemeine Strategien auf verschiedene Situationen anwenden zu können. Das Kind soll sich bewusst werden, was es zur Lösung eines Problems gebraucht hat, um dies in einer anderen Problemsituation auch wieder nutzen zu können.

Übungen an Alltagsproblemen können Problemlösefähigkeiten unterstützen

Im Alltag ergeben sich verschiedene Aufgaben, die Kinder vor Probleme stellen. Dabei muss es nicht immer um schwerwiegende Probleme gehen; im Mittelpunkt sollte vor allem die **Alltagsbewältigung** stehen.

So könnte mit den Kindern überlegt werden, welche Schritte benötigt werden, um einen Obstsalat herzustellen. Dafür müssen sich die Kinder zunächst überlegen, was alles in einen Obstsalat gehört und was man an Utensilien benötigt, um ihn herzustellen. Dabei müssen auch Fragen geklärt werden, wo das Obst eingekauft werden kann und von welchem Geld. Den Kindern werden so die verschiedenen Schritte bewusst gemacht und auch weniger hilfreiche Verhaltensweisen werden deutlich, z.B. alle stürmen los, ohne sich vorher zu besprechen, wer was besorgt.

Diese Planungskompetenz konnte auch die in Kapitel 1.2 erwähnte Kauai-Studie nachweisen. So zeigten resiliente Jugendliche eine sogenannte „planful competence", sie setzten sich realistische Berufs- und Lebensziele und planten ihre Zukunft bewusst (Werner 2007).

Sehr geeignet, um problemlösendes Verhalten zu verdeutlichen, sind **Bilderbuchbetrachtungen**. Anhand der Identifikation mit einer Hauptfigur lernt das Kind verschiedene Problemlösungs- und Handlungsansätze kennen und erkennt, dass es mit seinem Problem möglicherweise nicht alleine ist. Die Hauptfigur wird dabei zum Modell für Beispiele erfolgreicher Bewältigungsstrategien. Dabei kann das Kind in Form eines „inneren Probehandelns (…) den Erfahrungsschatz des selbst Erlebten erweitern und (…) neue Handlungsmöglichkeiten aufbauen" (Koj 2008, S. 8).

Hinzu kommt, dass das **Vorlesen** an sich förderlich für die Beziehung zwischen pädagogischer Fachkraft und Kind ist. Das Kind erfährt eine vertrauensvolle und warme Situation, bei der sich jemand intensiv mit ihm beschäftigt. Es erhält positive Aufmerksamkeit und Zuwendung. Eine Studie von Kain

Bilderbücher und Geschichten verdeutlichen verschiedene Problemlösungs- und Handlungsansätze

(2006) weist außerdem darauf hin, dass das Vorlesen von Bilderbüchern die Gespräche über Gefühle anregt.

Nicht jedes Bilderbuch oder jede Geschichte eignet sich zur Förderung von Resilienz. Koj (2008) hat einen Kriterienkatalog entwickelt, anhand dessen Literatur auf ihr Resilienzpotential überprüft werden kann. Weitere Merkmale resilienzförderlicher Bücher werden bei Wustmann (2004) vorgestellt.

> → **WICHTIGES IM ÜBERBLICK**
> **Kriterien zur Überprüfung des Resilienzpotentials von Kinderliteratur (vgl. Koj 2008, S. 11f.).**
> - **Es werden Bewältigungsstrategien im Umgang mit Krisen dargestellt** sowie Copingstrategien und alternative Lösungsmöglichkeiten, die für das Kind realisierbar sind. Die Belastungssituation wird umfassend, aber nicht überfordernd thematisiert, und helfende Personen oder Institutionen werden vorgeschlagen.
> - **Der Selbstwirksamkeitsglaube wird gestärkt.** Die Lösung des Problems wird von der Hauptfigur angestoßen und im Falle eines Scheiterns wäre Hilfe von außen möglich gewesen. Insgesamt verläuft die Geschichte für die Hauptfigur positiv.
> - **Die emotionale Kompetenz wird gestärkt.** Die Geschichte beinhaltet die Beschreibung verschiedener Gefühle. Erfolgreiche Emotionsregulationsstrategien werden vorgestellt.
> - **Die soziale Kompetenz wird gestärkt.** In der Geschichte werden Perspektivwechsel vorgenommen, positive Beziehungsformen dargestellt und konstruktives soziales Verhalten gezeigt.
> - **Das Selbstbewusstsein wird gestärkt.** Die Hauptfigur wird in seiner Situation ernst genommen, Schwächen werden positiv wahrgenommen. Außerdem vermittelt das Buch insgesamt einen positiven Gesamteindruck in Bezug auf Belastungssituationen.
> - **Besondere Stärken von Jungen und Mädchen werden hervorgehoben.** Jungen oder Mädchen werden durch die Geschichte besonders gestärkt, Rollenstereotype werden thematisiert und in Frage gestellt.

Praxistipp für Erzieherinnen

Problemlösefähigkeiten werden im Alltag gefördert durch:
- Gespräche über die verschiedenen Situationen
- Bewusstmachen von Abläufen
- Aufzeigen von Unterstützungsmöglichkeiten
- Bilderbücher und Geschichten, in denen eine Hauptfigur ein Problem erfolgreich löst
- Modellverhalten für konstruktives Problemverhalten

3.3 Baustein 3: Zusammenarbeit mit Bezugspersonen unter Berücksichtigung der Resilienzperspektive

In diesem Unterkapitel erfahren Sie ...
- welche familiären Schutzfaktoren es gibt
- wie eine Zusammenarbeit mit Eltern im Sinne der Resilienzförderung gestaltet werden kann
- wie Sie Elternkurse in Ihrer Einrichtung anbieten können

Die Zusammenarbeit mit Eltern ist eine grundlegende Aufgabe der pädagogischen Fachkräfte, um eine nachhaltige Resilienzförderung zu gewährleisten. Dies ist aus drei Gründen von Bedeutung:
- Zum einen sollte die Arbeit mit den Kindern nach Möglichkeit durch die Eltern zu Hause vertieft werden, z.b. durch Aufgreifen der Angebote und Methoden aus dem Kita-Alltag.
- Zum zweiten hat die Resilienzforschung verdeutlicht, dass eine positive Eltern-Kind-Beziehung einen wesentlichen Schutzfaktor darstellt. Nicht alle Eltern aber schaffen es aus verschiedensten Gründen, diese Beziehung positiv zu gestalten, und sind deshalb auf Unterstützung angewiesen.
- Zum dritten hat die Präventionsforschung gezeigt, dass Programme erfolgreicher sind, wenn Kinder *und* Eltern einbezogen werden.

Eine positive Eltern-Kind-Beziehung ist ein wesentlicher Schutzfaktor

Die positive Eltern-Kind-Beziehung als Basis einer entwicklungsfördernden Erziehung

Die Unterstützung der familiären Schutzfaktoren ist insbesondere deshalb wichtig, weil die Familie für die Kinder in der Regel „die unmittelbarste und überdauernde Umwelt für ein Kind darstellt und aus diesem Grund sehr einflussreich ist" (Bengel et al. 2009, S. 86). Eine positive Eltern-Kind-Beziehung ist geprägt von einer sicheren Bindung und einem **autoritativen Erziehungsstil**. Dieser Erziehungsstil ist gekennzeichnet von hoher Wertschätzung gegenüber dem Kind, der gleichzeitig das Setzen und Einhalten von klaren Regeln und Grenzen beinhaltet. Viele Studien zeigen einen klaren Zusammenhang zwischen dem Erziehungsstil und der Entwicklung von Kindern. So konnte eine Erziehung, die den Kindern Struktur bot, auf die Einhaltung von Regeln achtete und gleichzeitig eine warme Beziehung beinhaltete, Drogenkonsum oder antisoziales Verhalten verhindern, obwohl die Kinder verschiedenen Risikoeinflüssen ausgesetzt waren. Diese Effekte waren auch über einen langen Zeitraum stabil (vgl. Macaulay et al. 2005).

> Der Erziehungsstil der Eltern hängt mit der Entwicklung der Kinder zusammen

Weitere familiäre Schutzfaktoren sind neben der positiven Eltern-Kind-Beziehung strukturelle Merkmale, wie z.B. der alltägliche häusliche Ablauf oder der sozioökonomische Status sowie die Zusammensetzung der Familie. Eine geregelte Tagesstruktur und gemeinsame Rituale stärken die Eltern-Kind-Beziehung und helfen dem Kind, sich zu orientieren (vgl. Kap. 3.2). Die Qualität der Beziehung hat einen stärker schützenden Einfluss, als die Struktur der Familie. Eltern brauchen deshalb vor allem Unterstützung für die Ausgestaltung dieser Beziehung, also eine Stärkung ihrer **Erziehungskompetenz**. Die Suche nach der „richtigen Erziehung" wird mit einer großen Anzahl an Ratgebern aller Art und in allen Medien nicht leicht gemacht, und nicht nur Eltern fällt es schwer, hier die richtige Wahl zu treffen.

> Die Qualität der Beziehung der Eltern zu ihren Kindern hat einen größeren Einfluss auf die Entwicklung als die Struktur der Familie

> **Wichtiges im Überblick**
> **Basiskompetenzen von Eltern für eine entwicklungsfördernde Erziehung**
> Tschöpe-Scheffler (2006) hat vier Basiskompetenzen benannt, „die Eltern einerseits benötigen, um entwicklungsfördernd erziehen zu können, und für die sie andererseits ihrer Selbsteinschätzung entsprechend am ehesten Unterstützung und Hilfe brauchen" (ebd., S. 286):
> - „Vermittlung/Erarbeitung neuer Informationen und Erweiterung vorhandenen Wissens", z.B. durch referiertes Expertenwissen, Informationsmaterial, gezielte Gespräche.
> - „Erweiterung von Handlungsoptionen". Dies bedeutet, dass Eltern konkrete Übungs- und Erfahrungsmöglichkeiten benötigen, „um neue und andere Formen der Erziehung und des Zusammenlebens entwickeln zu können […]. Informationen, kritische Auseinandersetzung mit bisherigem Verhalten, Entwicklung und Erprobung von Handlungsalternativen sind zwar unerlässlich, reichen aber nicht aus, wenn der Transfer in den Alltag gelingen soll".
> - „Ermutigung und Unterstützung zur Selbsterfahrung durch offene, angstfreie Kommunikation." Eltern müssen Gelegenheit haben, sich mit ihren eigenen Zielen und Erziehungserfahrungen auseinanderzusetzen, und sie müssen ihre Erziehungshaltung und deren Wurzeln reflektieren können.
> - „Organisatorische und inhaltliche Unterstützung bei der Organisation und dem Aufbau von Netzwerken". Möglichkeiten hierzu sind z.B. Erziehungspartnerschaften zwischen Eltern und Erzieherinnen bzw. Lehrerinnen, Elternstammtische und stadtteilbezogene Netzwerke."
> - (zusammengestellt aus Tschöpe-Scheffler 2006, S. 286ff).

Erzieherinnen können Eltern unterstützen, die Basiskompetenzen zu erwerben oder bei sich (wieder) zu entdecken. Sie können ihnen einen Rahmen bieten, damit sie Informationen erhalten, die sie brauchen, um neue Erfahrungen machen können. Die Kita kann die Eltern darin unterstützen, ihre Ressourcen kennenzulernen und zu nutzen. In einer Studie von Fröhlich-Gildhoff et al. (2006) wurde deutlich, dass Eltern Erzieherinnen diese Aufgaben auch zutrauen: 80% von 1147 befragten Eltern sehen Erzieherinnen nach dem jeweils anderen Elternteil als zweitwichtigste Ansprechpartnerinnen in Erziehungsfragen an; sie sind wichtiger als Kinderärzte, andere Verwandte oder Freunde.

> Die Erzieherinnen werden von den Eltern als kompetente Ansprechpartner in Fragen der Erziehung eingeschätzt

Abbildung.6: Schritte zur Zusammenarbeit mit Eltern

Schritte zur Zusammenarbeit mit Eltern

Mithilfe von sechs Schritten kann eine gelingende Unterstützung der Eltern ausgestaltet werden (vgl. Abbildung 6). Anhand der nachfolgenden **Leitfragen** sollen diese sechs Schritte veranschaulicht und konkrete Handlungsorientierungen gegeben werden (vgl. Rönnau & Fröhlich-Gildhoff, 2008)..

Haltungsarbeit

Der erste Schritt zur Zusammenarbeit mit Eltern beinhaltet eine Arbeit an der *Haltung* des gesamten Teams, da sie der Schlüssel für die Zusammenarbeit mit Eltern ist. Unterstützend kann dabei jemand von außen, also in Form von Supervision und Weiterbildung, den Prozess begleiten.

> Die Haltung der Erzieherinnen ist der Schlüssel für eine gelingende Erziehungspartnerschaft

> **Reflexion**
> **Haltungsarbeit**
> - Was macht eine gute Zusammenarbeit aus?
> - Wie arbeiten wir mit den Eltern zusammen?
> - Wie möchten wir mit ihnen zusammenarbeiten?
> - Welche Möglichkeiten eröffnen sich dadurch?
> - Was verstehen wir unter Erziehung?
> - Werden die Unterschiedlichkeiten der verschiedenen Eltern(gruppen) und deren Hintergründe ausreichend gesehen?
> - Wo liegen die Grenzen der Zusammenarbeit – und welche Konsequenzen hat das?
> - Wo und wie müssen wir uns Unterstützung holen?

Sozial- und Bedarfsanalyse

Im zweiten Schritt zur Zusammenarbeit mit Eltern sollten sich die Fachkräfte darüber klar werden, welche Elterngruppen und damit Zielgruppen bei ihnen in der Einrichtung sind (*Sozial- und Bedarfsanalyse*, vgl. auch Erreichbarkeit von Eltern). Dadurch wird deutlich, welche Wünsche und Bedürfnisse die Eltern haben, und es können *passgenaue Angebote* entwickelt werden. Es wird vermieden, dass pauschal alle Eltern angesprochen werden. Eine Bedarfsanalyse reflektiert außerdem die bereits bestehenden Angebote und hinterfragt Stärken und Schwächen.

Eine Sozial- und Bedarfsanalyse ist der erste Schritt für passgenaue Angebote

> **Reflexion**
> **Sozial- und Bedarfsanalyse**
> - Wen und was wollen wir erreichen?
> - Was zeichnet diese Zielgruppe aus?
> - Welche Wünsche und Bedürfnisse könnte sie haben?
> - In welchen Lebensphasen befindet sie sich?
> - Wen haben wir bereits erreicht und wie?
> - Welche Ressourcen haben wir?
> - Ist die Zielgruppe in die Analyse ausreichend einbezogen?

Netzwerkbildung

Damit die Kita nicht alle Aufgaben alleine übernehmen muss, ist es unerlässlich, *Netzwerke* zu bilden, z.b. zu den zuständigen Erziehungsberatungsstellen (vgl. Kapitel 3.4).

Netzwerke unterstützen die Kita in ihren Aufgaben

> **REFLEXION**
> **Netzwerkbildung**
> - Mit wem kooperieren wir bereits?
> - Wo brauchen wir (noch) Unterstützung?
> - Was können wir bieten?
> - Was und wen brauchen wir?

Werbung

Einer der wichtigsten Schritte, um die Eltern zu erreichen, ist eine gute *Werbung*. Sie muss neugierig machen und das Interesse der Eltern wecken. Da sind viele neue Wege gefragt, allerdings wird man nicht ohne die regelmäßige *persönliche Ansprache der Eltern* auskommen. Dadurch wird Interesse und Offenheit für die Anliegen der Eltern signalisiert. Persönliche Ansprache ist wesentlich wirkungsvoller als das Verteilen von Informationsmaterialien.

Die persönliche Ansprache von Eltern ist die beste Werbung für ein Angebot der Kita

> **REFLEXION**
> **Werbung**
> - Was könnte unsere Zielgruppe ansprechen?
> - Was hat bereits gut geklappt?
> - Können schon erreichte Eltern als Multiplikatoren genutzt werden?
> - Welche Medien könnten uns helfen?

(Niedrigschwellige) Methoden

Jede Kita sollte sich auf Schwerpunkte konzentrieren, anstatt einen großen Maßnahmenkatalog anzubieten. Dadurch werden Ressourcen gebündelt und auch langfristig eher gewährleistet. Zudem sollte auf *niedrigschwellige Methoden* geachtet werden, um die Eltern nicht durch eine zu hohe Komplexität zu überfordern.

> **REFLEXION**
> **Methoden**
> - Wie häufig sprechen wir die Eltern persönlich an?
> - Wie können wir noch mehr auf sie zugehen?
> - Sind wir sprachlich auf einer Ebene?
> - Orientieren sich die Zeiten der Angebote an dem Bedarf der Eltern?
> - Sind wir den Eltern vertraut? Wie schaffen wir Vertrauen?
> - Erreichen wir die Eltern in ihrer Lebenswelt?
> - Welche neuen Formen können wir entwickeln?

Die Wirksamkeit der Elternarbeit sollte kontinuierlich überprüft werden

Prozess- und Ergebnisevaluation

Als begleitender Schritt ist eine kontinuierliche *Prozess- und Ergebnisevaluation* notwendig, die das Angebot immer wieder hinterfragt (vgl. Kapitel 3.5) Auch hierfür ist Unterstützung von außen hilfreich.

> **Reflexion**
> **Prozess- und Ergebnisevaluation**
> - Hat das Angebot die geplante Wirkung? Treten andere, über die ursprüngliche Zielsetzung hinausgehende Wirkungen auf? Treten nicht erwünschte (Neben-)Wirkungen auf?
> - Haben wir alle erreicht, die wir erreichen wollten?
> - Was hat gut bzw. nicht gut geklappt? Woran lag das?
> - Was müssen wir verändern?
> - Wie zufrieden sind wir? Wie zufrieden sind die Eltern? Wie zufrieden sind weitere Außenstehende?

Erreichbarkeit von Eltern

Eine grundlegende Frage für viele pädagogische Fachkräfte ist die *Erreichbarkeit von Eltern*. Oft entsteht der Eindruck, dass immer nur eine bestimmte Gruppe von interessierten Eltern an den Angeboten der Einrichtung teilnimmt und ein Großteil nicht erscheint. Um die Erreichbarkeit zu verbessern, ist es zunächst wichtig, sich zu vergegenwärtigen, dass es *die* Eltern nicht gibt, sondern dass damit unterschiedliche Gruppen gemeint sind, die jeweils ganz verschiedene Bedürfnisse haben und deshalb auch unterschiedliche Angebote brauchen (vgl. Bedarfsanalyse).

Es gibt unterschiedliche Gruppen von Eltern

Es gibt sehr unterschiedliche *Gruppen von Eltern bzw. Familien,* beispielsweise
- Die klassische Familie mit Vater, Mutter und Kind/Kindern, die Einelternfamilie oder die Patchworkfamilie
- Eltern, die berufstätig, arbeitslos oder Hausfrau/-mann sind
- Familien mit oder ohne Migrationshintergrund
- Bildungsnahe oder sozial- und bildungsbenachteiligte Familien.

Auch Väter sind eine besondere Zielgruppe.

Diese Aufzählung ist nicht abschließend, und natürlich sind viele Eltern mehr als nur einer Kategorie zugehörig. Allerdings können Unterteilungen hilfreich sein, um sich bewusst zu machen, von welchen

Schwierigkeiten der Alltag dieser Familien bestimmt wird und weshalb sie Angebote der Kita bisher kaum in Anspruch genommen haben bzw. wie Angebote ausgestaltet werden müssen, damit sie für die Eltern sinnvoll sind. Das Wissen um die Verschiedenheit der Eltern(-gruppen) kann der pädagogischen Fachkraft erleichtern, **Verhaltensweisen von Eltern** besser einzuordnen.

Zielgruppe	Mögliche Probleme	Problemlösung
Alleinerziehende	• Keine Zeit für die Kinder/Erzieherinnen • Wenig Zeit für sich • Fehlende Kinderbetreuung	• Flexible Angebote • Flexible Öffnungszeiten
	• Abgespanntsein • Stress durch die Organisation des Alltags	• Entspannungsangebote
	• Überforderung • Schlechtes Gewissen und Schuldgefühle	• Erziehungsberatung • Zeit für Gespräche
	• Fehlender bzw. zu seltener Kontakt des Kindes zum abwesenden Elternteil	• Mutter/Vater-Kind-Angebote
	• Finanzielle Schwierigkeiten	• Informationen über finanzielle Hilfen, kostenfreie Angebote
	• Einsamkeit	• Kontakt zu anderen Alleinerziehenden

Tabelle 1: Ein Beispiel für die Probleme von Eltern, hier von Alleinerziehenden, und wie die Kita darauf reagieren kann.

Neben der Kenntnis über die Elterngruppen in der Kita, ihre alltäglichen Schwierigkeiten und Verhaltensweisen, spielt bei der Erreichbarkeit der Eltern eine große Rolle, in welcher **Lebenssituation** sie sich gerade befinden und welche Wünsche, Bedürfnisse und Probleme damit verknüpft sind (vgl. Schritt 1: Sozial- und Bedarfsanalyse). Denn diese bestimmen die Bereitschaft und das Interesse der Eltern, an Angeboten der Kindertageseinrichtung teilzunehmen. So wird eine berufstätige Mutter, die bereits das zweite Kind in der Einrichtung hat, kaum einen Elternabend über die Abläufe in der Kita besuchen, da sie diese bereits kennt.

Die Erreichbarkeit der Eltern hängt mit ihrer Lebenssituation zusammen

Gleichzeitig geht es aber auch darum, wie man die *Ressourcen der Eltern* nutzen kann: zum einen für die Einrichtung, zum anderen um die Eltern besser zu erreichen. Die Einschätzung der *Lebenssituation* kann mit Hilfe von Tabelle 2 im Team durchgeführt werden.

 Praxistipp für Erzieherinnen

Einschätzung der Lebenssituation
- Das Team wählt eine Familie aus ihrer Einrichtung aus, deren Hintergrund sie näher beleuchten möchte.
- Auf einem Flipchart werden zu verschiedenen Bereichen der Familie Informationen und Vermutungen gesammelt. Hintergrund kann das Wissen um die Familie sein (z.B. „im letzten Elterngespräch sagt Frau B. mir, dass sie sich für das Thema „Grenzen und Regeln" interessieren würde"), aber auch Fantasien oder Vermutungen (z.B. „wenn ich mir vorstelle, dass ich in dieser Situation leben würde, wäre ich froh, wenn mich jemand unterstützen würde...").
- Bei der Beschreibung ist es wichtig, alle Familienmitglieder mit einzubeziehen, nicht nur diejenigen, zu denen man am meisten Kontakt hat. Bei den Bedürfnissen sollte versucht werden, sich in die jeweiligen Personen hineinzuversetzen und aus ihrer Position heraus Bedürfnisse zu formulieren. Ingesamt ist es wichtig, nicht nur realisierbare Dinge zu notieren, d.h. nur Bedürfnisse aufzuschreiben, die die Einrichtung auch erfüllen kann, sondern in einem ersten Schritt alles zu notieren, was einem in den Kopf kommt. Im nächsten Schritt kann dann überlegt werden, was die Einrichtung für die Familie tun kann und wer diese Aufgaben übernimmt.

Name und Beschreibung der Familie	• Familienverhältnisse, z.B. Ein- oder Zweielternfamilie, Patchworkfamile • Arbeitsverhältnisse, z.B. volle Berufstätigkeit der Mutter oder Arbeitslosigkeit des Vaters • Anzahl der Kinder bzw. Anzahl der Kinder, die in die Kita kommen • Bisherige Kontakte zu den Eltern, z.B. unregelmäßige Gespräche, regelmäßige Tür- und Angelgespräche usw.
Mögliche Bedürfnisse der Eltern	• Kontakt zu anderen Eltern • Gesprächsbedarf • Entlastung im Alltag
Ressourcen der Eltern/Familie (Beispiele)	• Eine Familie besitzt eine Bäckerei, die die Kinder besuchen können • Eine Mutter kommt aus Polen und kann im Kindergarten Bücher in polnischer Sprache vorlesen • Ein Opa kann das Kindergartenspielzeug reparieren
Kontaktmöglichkeiten	• Wer aus dem Team hat einen guten Draht zu den Eltern? • Welche anderen Eltern verstehen sich gut mit der Familie? • Ist die Familie überhaupt in der Lage, ihre Bedürfnisse mündlich oder schriftlich zu äußern? • Wer sonst kennt die Bedürfnisse und Ressourcen dieser Familie?
Ressourcen der Einrichtung	• Zeit für Gespräche • Räume für Kontakte zu anderen Eltern • Elternkurse • Begleitung zur Beratungsstelle
Weiterleitung an andere Institutionen	• Diese Spalte ergibt sich aus der Auswertung der Bedürfnisse in Relation zu den Ressourcen der Familie und den Ressourcen der Einrichtung: welche Bedürfnisse der Eltern kann die eigene Einrichtung erfüllen und wo muss sie Hilfe von außen holen?

Tabelle 2: Die Lebenssituation der Familien (in Anlehnung an Gerth 2007, S. 29)

Methoden der Elternbildung

Aufgrund der Ressourcen und Bedürfnisse der Familien ergeben sich Angebote und Unterstützungsleistungen. Sie gestalten sich äußerst vielfältig. Einen Überblick geben z.B. Textor (2005) und Dusolt (2008).

Neben den klassischen Formen, wie z.B. dem Einzelgespräch, Elternabenden sowie Tür- und Angelgesprächen, rücken immer mehr Angebote in den Mittelpunkt, die sich individuell an den Bedarfen der Eltern orientieren. Dazu gehören Hausbesuche, thematische Elternnachmittage, Eltern-Kind-Wochenenden oder Elternkurse. Der traditionelle Elternabend hat in vielen Kindertageseinrichtungen ausgedient und entspricht nur noch zu einem geringen Teil den Bedürfnissen der Eltern. Stolz und Thiel (2005, S. 204ff.) empfehlen deshalb darüber hinaus:

> Der traditionelle Elternabend hat in vielen Kitas ausgedient

- Mit Eltern in einen Dialog zu treten.
- Eltern am pädagogischen Alltag teilnehmen zu lassen, z.B. in Form von Hospitationen.
- Das Engagement von Eltern für andere Eltern zu unterstützen und sie zum Einbringen ihrer Kompetenzen zu motivieren.
- Die Kita als Ort der Begegnung und Kommunikation zu verstehen.
- Kurse für Eltern anzubieten.
- Informationsangebote zur Elternbildung zu geben.

Im Folgenden soll näher auf die Möglichkeiten von **Elternkursen** eingegangen werden, die von Erzieherinnen selber durchgeführt werden. Mit diesem Angebot können viele Themen der Eltern aufgegriffen und ressourcenorientiert bearbeitet werden. Die Zusammenfassung lehnt sich an einen Artikel von Rönnau-Böse (2010) an.

Elternkurse in Kitas

Elternkurse in Kindertageseinrichtungen durchzuführen, hat viele Vorteile:
- Die pädagogischen Fachkräfte sind den Familien vertraut. Die Eltern haben sich schon häufiger an sie mit Fragen zur Erziehung gewandt und wissen, dass sie ernst genommen werden.
- Die Eltern kommen eher zu einem Elternkurs, wenn sie die Räumlichkeiten und die durchführenden bzw. teilnehmenden Personen

Elternkurse, die direkt in der Kita angeboten werden, haben viele Vorteile

kennen. Findet ein Elternkurs z.B. in einer Beratungsstelle außerhalb der Kita statt, ist die Schwelle für die Eltern sehr viel höher. Sie müssen sich auf unbekannte Personen einlassen und sind oft verunsichert, wie die Abläufe in solchen Einrichtungen sind. So gibt es nicht wenige Eltern, die die Befürchtung haben, wenn sie von ihren Erziehungsschwierigkeiten erzählen, dass das an andere Behörden, etwa das Jugendamt, weitergegeben wird.

- Die pädagogische Fachkraft hat die Möglichkeit, die Eltern für eine Teilnahme immer wieder direkt anzusprechen und damit die Verbindlichkeit der Teilnahme zu erhöhen. Und die Eltern haben die Möglichkeit, an einem Angebot teilzunehmen, während ihr Kind betreut wird.
- Während und nach dem Elternkurs ist das Vertrauen der Eltern in die Erzieherinnen gewachsen, sich bei Problemen und Fragen an sie zu wenden, und die Beziehung wird intensiviert – auch zum Wohle des Kindes. Für Elterngespräche sind leichter Anknüpfungspunkte zu finden, und die pädagogische Fachkraft bekommt einen neuen und umfassenderen Einblick in das Leben der Familie und ihre Erziehungsansichten.
- Das Angebot von Elternkursen in der Kita sollte offen gestaltet sein. Dies bedeutet, dass solche Kurse nicht nur für Eltern mit Problemen oder „Erziehungsschwierigkeiten" angeboten werden, sondern generell für alle Eltern. Ein solches Angebot senkt Hemmschwellen.
- Kurse, die in Kitas stattfinden, können kostenfrei angeboten werden. Dadurch können auch Eltern teilnehmen, die dies sonst aus finanziellen Gründen nicht in Anspruch nehmen. Allerdings ist dies nur möglich, wenn die Elternkurse in der Arbeitszeit der Erzieherinnen stattfinden. Ist dies nicht machbar, muss eine Regelung mit dem Träger gefunden werden, wie die zusätzliche Arbeitszeit angerechnet wird. Elternkurse sollten kein ehrenamtliches Engagement der Erzieherinnen sein, sondern das Profil der Einrichtung stärken – was auch dem Träger zugute kommt.

Eltern stärken in Kitas

Der Elternkurs „*Eltern stärken in Kitas*" (Fröhlich-Gildhoff et al., 2008) wurde spezifisch für den Einsatz in Kindertageseinrichtungen konzipiert und ist als Möglichkeit für Erzieherinnen gedacht, Eltern mit einem strukturierten Kursangebot in ihrer Rolle und ihrer Erziehungskompetenz zu stärken.

Das Konzept des Kurses knüpft an bestehende Elternkurse und einzelne Elemente evaluierter Programme an. Im Mittelpunkt stehen die Ressourcen und Kompetenzen der Eltern, zum anderen werden Bezüge zur Förderung der Resilienzfähigkeit der Kinder hergestellt. Grundlage des Konzepts sind dabei empirisch und aus Erfahrungen abgeleitete Qualitätsanforderungen an Elternkurse.

Der Kurs hat das Ziel, dass sich Eltern sicherer in ihrer Erziehungshaltung fühlen und somit den Alltag und die Beziehungen zu ihren Kindern entwicklungsförderlicher gestalten können. Grundlage dafür ist die Stärkung des Selbstwerts und des Selbstwirksamkeitserlebens der Eltern. Die Eltern sollen das Gefühl erhalten, dass sie handlungsfähig sind, und wissen, was sie wie tun können. Gleichzeitig sollen die Eltern lernen, sich selbst zu reflektieren und sich mit den Ursachen für mögliche eigene Unsicherheiten auseinanderzusetzen. Des Weiteren soll die Lebenszufriedenheit der Eltern durch den Kurs erhöht werden. Dazu hilft es, wenn die Eltern sich mit ihrer Rolle als Eltern und als Paar auseinandersetzen.

> Elternkurse sollen Eltern ressourcenorientiert in ihrer Erziehungskompetenz unterstützen

Eine weitere Grundlage stellt die Aktivierung und Stärkung der Ressourcen der Eltern dar. Das bedeutet zum einen, dass sich die Eltern ihrer eigenen Stärken (wieder) bewusst werden, zum anderen, dass die Kursleiterinnen immer an den Ressourcen ansetzen. Eine Ressource stellen bspw. Netzwerke dar. Sind sie nicht oder nicht ausreichend vorhanden, werden sie durch den Elternkurs gezielt gefördert. Die Eltern sollen die Erfahrung machen können, dass andere Menschen zur Unterstützung da sind und helfen können.

Durch alle diese Aspekte wird die *Fähigkeit zur Bewältigung von Krisen und Belastungen gestärkt*. Das Lernen in einer Gruppe führt dazu, dass Eltern sich gegenseitig unterstützen und erfahren, dass sie mit ihren Fragen und Problemen nicht alleine dastehen. Viele Eltern sind sehr erleichtert, wenn sie erkennen, dass sie nicht „alles falsch machen" und dass andere Eltern mit zum Teil genau den gleichen Schwierigkeiten zu kämpfen haben. Die Kursleiterinnen sollten eine professionelle pädagogische oder psychologische Grundausbildung haben, also über ausreichendes Wissen hinsichtlich kindlicher Entwicklungen, Dynamiken in Familien und pädagogischer Konzepte verfügen – alles Bestandteile der Ausbildung von Erzieherinnen. Hilfreich sind auch Erfahrungen in der Leitung von Gruppen. Ist diese Grundlage vorhanden, ist die Umsetzung des Kurses sehr gut möglich, eine lange Zusatzausbildung dann nicht notwendig. Viele Erzieherinnen haben die Befürchtung, dass sie diese Voraussetzungen nicht erfüllen und den Erwartungen der Eltern nicht gerecht werden. Das Kursmanual ist aber so angelegt, dass die Erzieherinnen sich mit dessen Hilfe eigenständig und gründlich auf den Kurs vorbereiten können. Außerdem sind die Themen, die in den Elternkursen besprochen werden, zugleich Themen, die auch in den Entwicklungsgesprächen sowie Tür- und Angelgesprächen immer wieder angesprochen werden und den Erzieherinnen damit hinreichend bekannt sind.

Der Kurs „Eltern stärken in Kitas" ist in sechs Einheiten gegliedert, die jeweils einen Umfang von 90 Minuten haben. Teilnehmen können 5–10 Elternpaare. Die Einheiten haben verschiedene Grundthemen, wobei das Kursmanual nur als Roter Faden genutzt werden soll. Es kann und soll flexibel auf die Bedürfnisse der jeweiligen Gruppe angepasst werden und dient deshalb nur als Orientierung. Damit wird gewährleistet, dass die Anliegen und Wünsche der Eltern ausreichend Berücksichtigung finden. Die Themen der Einheiten sind so ausgewählt, dass sie in der Regel die Fragen und Bedürfnisse der Eltern aufgreifen, variiert wird der Umfang, die Reihenfolge und die Gewichtung der Themen.

Grundsätzlich gilt, dass mit den Eltern zwar konkrete Hilfen zur Problemlösung erarbeitet werden, die Eltern aber keine Ratschläge oder Rezepte erhalten. Vielmehr sollen sie selbst ihre eigene Lösung erarbei-

Erzieherinnen sind ausreichend ausgebildet, um Elternkurse anbieten zu können

Eltern brauchen keine Ratschläge und Rezepte, sondern müssen sich ihre eigene Lösung erarbeiten und sich selber reflektieren

ten und dazu ermutigt werden, diese auszuprobieren und umzusetzen. Das führt dazu, dass die Eltern sich selbst und ihr Erziehungshandeln reflektieren und Lösungen entwickeln, die wirklich auf sie und ihre Rahmenbedingungen zugeschnitten sind. Unterstützt werden sie dabei von den anderen Eltern, die von ihren Erfahrungen zu dem Thema berichten und Ideen beisteuern können.

Jede Einheit hat dieselbe Struktur: es wird mit einer Blitzlichtrunde zu dem Befinden und den Ereignissen der Woche begonnen, dann schließen sich Einzel- und Partnerübungen sowie Plenumsdiskussionen an. Eine kurze Zusammenfassung der Kursleiterin rundet das Thema ab. Die Stunde endet mit einem kurzen Feedback jedes Teilnehmers. Zusätzlich bekommen die Eltern Anregungen oder eine kleine Übung, die sie zu Hause ausprobieren können. Diese „Aufgaben für zu Hause" dienen der Vertiefung und werden freiwillig ausgeführt. Wer möchte, darf in der nächsten Einheit am Beginn der Stunde von seinen Erfahrungen berichten. Diejenigen, die gerne noch etwas nachlesen möchten, erhalten am Ende jeder Stunde eine kurze schriftliche Zusammenfassung zu den jeweiligen Themen der Einheit.

Die **sechs Einheiten** sind wie folgt aufgebaut (vgl. Fröhlich-Gildhoff et al., 2008):

- Kennenlernen/Was braucht mein Kind, um sich gesund zu entwickeln?
- Beobachtung und Entwicklung
- (Über-)Leben als Eltern
- Miteinander leben I (Konflikte und Lösungen)
- Miteinander leben II (Fernsehen und andere Beschäftigungen)
- Wie stärke ich mein Kind?

Kennenlernen/Was braucht mein Kind, um sich gesund zu entwickeln? Diese Einheit dient dazu, dass die teilnehmenden Eltern sich gegenseitig kennenlernen und die Zielrichtung des Kurses verstehen. Nach einer Vorstellungsrunde, die unterschiedlich gestaltet werden kann, und der Darstellung der Rahmenbedingungen folgt die erste Übung zur Fokussierung der Stärken und Ressourcen. Die Eltern werden gebeten, sich drei Dinge aufzuschreiben, die ihnen als Mutter oder Vater besonders gut gelingen.

Die Stärken der Eltern stehen im Mittelpunkt

Danach tauschen sie sich darüber aus. Diese Übung hilft den Eltern, ihren Blick nicht nur auf ihre Fehler und Schwierigkeiten zu richten, sondern sich wieder bewusst zu machen, dass auch viele Dinge gut funktionieren. An diese Übung schließt die Aufgabe für zu Hause an, bei der die Eltern sich jeden Tag in der kommenden Woche eine Sache notieren sollen, die ihnen mit ihrem Kind gut gelungen ist.

Beobachtung und Entwicklung. Das Thema der zweiten Einheit ist Beobachtung und Entwicklung. Die Eltern sollen dazu angeregt werden, ihr Kind genauer zu beobachten, um herauszufinden, mit welchem Entwicklungsthema sich ihr Kind gerade beschäftigt und wie sie es dabei unterstützen können. Gleichzeitig wird den Eltern deutlich gemacht, dass es verschiedene Entwicklungswege und Verhaltensgründe gibt, die sich nicht verallgemeinern lassen. Zur Übung können den Eltern Filmausschnitte von Kindern in verschiedenen Situationen gezeigt werden.

Die Eltern lernen, die Entwicklungsthemen der eigenen Kinder zu erkennen und sie dabei zu unterstützen

(Über-)Leben als Eltern. Im Mittelpunkt dieser Einheit stehen die Bedürfnisse der Eltern. Mit verschiedenen Partner- und Einzelübungen sollen sich die Eltern bewusst machen, wie viel Zeit sie für sich und ihren Partner/ihre Partnerin haben und wie zufrieden sie mit ihrer momentanen Situation sind. Die Einheit gibt zum einen Raum, eigene Bedürfnisse (wieder) wahrzunehmen, zum anderen, sich über alltägliche Belastungen auszutauschen und Unterstützung zu finden. Die Aufgabe für zu Hause besteht darin, sich in der nächsten Woche etwas Gutes zu tun.

Eltern müssen auch auf ihre eigenen Bedürfnisse achten und brauchen Zeit für sich

Miteinander leben I (Konflikte und Lösungen). Diese Einheit beschäftigt sich vorrangig mit Alltagskonflikten. Die Eltern können von Situationen berichten, die sie beschäftigen. Diese werden dann exemplarisch für die ganze Gruppe bearbeitet. Die Eltern haben dadurch die Möglichkeit, sich gegenseitig auszutauschen und von Erfahrungen zu profitieren. Der Fokus liegt auch hier auf den Stärken und Ressourcen.

Die erarbeiteten Lösungen sollen zu Hause umgesetzt werden. In dieser Stunde können viele Fragen der Eltern bearbeitet werden.
Miteinander leben II (Fernsehen und andere Beschäftigungen).
Die Erfahrungen und der Umgang mit Medien, vor allem Fernsehen und Computer, sind Bestandteil der vorletzten Einheit. Die Eltern können von ihren Erfahrungen und Problemen berichten und erhalten einen kurzen Überblick über Umgangsmöglichkeiten sowie sehenswerte Sendungen und Spiele. Außerdem sollen die Eltern weitere Beschäftigungsmöglichkeiten kennenlernen und sich darüber austauschen.

Wie stärke ich mein Kind? Die letzte Einheit befasst sich mit Methoden der Resilienzförderung, die die Eltern zu Hause umsetzen können, um ihr Kind im Alltag zu stärken (vgl. Kapitel 3.2). In der Stunde werden ihnen praktische Anregungen vorgestellt und wird noch einmal die Bedeutung der Berücksichtigung von Stärken und Kompetenzen ihrer Kinder hervorgehoben. Abschließend wird der Kurs reflektiert und ausgewertet.

Eltern können die Inhalte der Arbeit in der Kita zu Hause aufgreifen

Praxistipps für Erzieherinnen

Elternkurse
- Für den Erfolg der Elternkurse spielt die Homogenität der Eltern(-gruppen) keine Rolle. So hat es sich bewährt, Eltern mit und ohne Migrationshintergrund ebenso teilnehmen zu lassen wie akademisch vorgebildete und sogenannte bildungsferne Eltern. In der Regel haben alle Eltern ähnliche Fragen und Probleme und profitieren von der Erfahrung, dass es anderen ähnlich geht wie ihnen selber.
- Es wird deutlich, „wenn Eltern früh lernen, geeignete Kompetenzen zu erwerben und einzusetzen, die ihren Kindern angemessene altersentsprechende Entwicklungsschritte ermöglichen, erfahren sie sich als selbstwirksame Autoren der kindlichen Erfolge und werden mit jedem Erfolg weiter in ihrem positiven Erziehungsverhalten bekräftigt" (Sodtke & Armbruster 2007, S. 708).

3.4 Baustein 4: Netzwerkbildung

IN DIESEM UNTERKAPITEL ERFAHREN SIE ...
- welche Chancen und Vorteile sich aus einem guten Netzwerk ergeben
- wie Netzwerke die Resilienzförderung unterstützen können
- welche Anforderungen mit einer Netzwerkbildung verknüpft sind
- wie effektiv ein Netzwerk aufgebaut werden kann

Die Netzwerkbildung im Sozialraum sowie die Zusammenarbeit mit anderen Institutionen stellt – neben der Arbeit mit den Kindern und der Gestaltung einer Erziehungspartnerschaft mit den Eltern – eine wichtige dritte Säule professioneller Frühpädagogik dar und trägt wesentlich zur Stärkung der Ressourcen einer Kita bei (vgl. z.B. Kasüschke & Fröhlich-Gildhoff 2008). Diese Säule hat die kürzeste Tradition und wird in der Fachliteratur entsprechend dürftig beachtet. Ebenfalls liegen kaum empirische Untersuchungen zu diesem Thema vor.

Vernetzung und Kooperation sind noch nicht überall selbstverständliche Bestandteile der Frühpädagogik

Gleichwohl wird eine gute Zusammenarbeit zwischen Kindertageseinrichtungen und Schulen in vielen offiziellen Verlautbarungen besonders hervorgehoben. So ist der Bedeutung der Zusammenarbeit der Kindertageseinrichtungen mit anderen Institutionen in der Neufassung des § 22a des SGB VIII Rechnung getragen worden. Hier heißt es in § 22a (2) „Die Träger der öffentlichen Jugendhilfe sollen sicherstellen, dass die Fachkräfte in ihren Einrichtungen zusammenarbeiten:
- Mit den Erziehungsberechtigten und Tagespflegepersonen zum Wohl der Kinder und zur Sicherung der Kontinuität des Erziehungsprozesses.
- Mit anderen kinder- und familienbezogenen Institutionen und Initiativen im Gemeinwesen, insbesondere solchen der Familienbildung und -beratung.
- Mit den Schulen, um den Kindern einen guten Übergang in die Schule zu sichern und um die Arbeit mit Schulkindern in Horten und altersgemischten Gruppen zu unterstützen".

In diesem Absatz wird die ausdrückliche Verpflichtung zur Kooperation betont, darüber hinaus sind die Jugendämter verpflichtet, die Kooperation z.b. durch Qualitäts- und Entwicklungsvereinbarungen sicherzustellen.

Ebenso existiert eine Stellungnahme der Bundesarbeitsgemeinschaft der Landesjugendämter (101. Arbeitstagung der Bundesarbeitsgemeinschaft der Landesjugendämter vom 08.–10. November 2006 in Kiel, www.kindergartenpaedagogik.de/1559.html), die den Auftrag formuliert, dass die „kinder- und familienbezogenen Institutionen im Gemeinwesen neue Wege der Kooperation beschreiten, um Familien darin zu unterstützen, den vielfältigen Anforderungen des Zusammenlebens in der Familie und der Funktion der Familie gerecht zu werden". Und weiter: „den Kindertageseinrichtungen kommt im Sozialraum eine Schlüsselfunktion zu (…). Sie sind (…) nicht nur geeignet, integrative Aufgaben im sozialen Umfeld des Kindes und seiner Familie zu übernehmen, sie bieten sich auch im Zuge der gemeinsamen Betreuung und Bildung von Kindern eines Sozialraums für die Nutzung der Vorteile einer frühen Integration von Kindern mit besonderem Förderbedarf an". Im Unterschied dazu zeigen Untersuchungen, dass das Arbeitsfeld der Vernetzung in seiner Bedeutung und Ausformung gegenüber den anderen Schwerpunkten frühpädagogischer Arbeit noch weit zurücksteht (z.B. Fröhlich-Gildhoff et al. 2006; Fröhlich-Gildhoff & Glaubitz 2006).

> Die Bedeutung von Vernetzung ist klar, die Umsetzung nicht immer einfach

In diesem Abschnitt soll spezifisch auf die Formen und Möglichkeiten des *Aufbaus von Netzwerken durch die Institution Kita* eingegangen werden; die gezielte Gestaltung von Übergängen, besonders von der Kita zur Schule wird nicht vertieft betrachtet, hierzu liegen Veröffentlichungen z.B. von Griebel & Niesel (2004) oder Roßbach (2006) vor.

Typen von Netzwerken

Unter *Netzwerken* werden Bindungen zwischen Partnern – es können Individuen oder auch Institutionen sein – verstanden, die systematisch geknüpft werden und durch längere Dauer gekennzeichnet sind. Im optimalen Fall wird Verbindlichkeit durch klare, am besten schriftlich festgelegte Absprachen über Inhalte und die Bedeutung dieser Verbindungen hergestellt. Ziel der Netzwerke ist es in erster Linie, (soziale) Unterstützung zu gewährleisten, die besonders in Krisen- oder anderen schwierigen Situationen wirksam wird.

Netzwerke unterstützen bei der alltäglichen Arbeit, bewähren sich aber vor allem in Krisensituationen

Aus der Forschung über die Wirkung von sozialen Netzwerken und Netzwerkinterventionen ist bekannt, dass der Aufbau von Netzwerken vor allem dann die gewünschte Wirkung erzielt „wenn die *wahrgenommene* Unterstützung (mehr als das objektive Unterstützungshandeln und die Netzwerkstruktur) gefördert wird" (Nestmann 2009, S. 590, s.a. Röhrle und Sommer 1998). Darüber hinaus sind „längerfristige Netzwerkinterventionen […] wirksamer als kurzfristige" (Nestmann 2009, S. 590).

Röhrle und Sommer (1998) haben verschiedene Typen von Netzwerken unterschieden. Ein wichtiges Kriterium ist dabei, ob Netzwerke eher an Individuen orientiert oder auf ganze Systeme bezogen sind. Weitere Unterscheidungskriterien sind beispielsweise Art der Ziele und Aufgaben sowie die Frage, ob es sich um eher beiläufige, kurzfristige Verbindungen oder um klare, gegebenenfalls auch durch Verträge abgestimmte Strukturen handelt.

Bezogen auf die Bildung von Netzwerken, die von Kindertageseinrichtungen ausgehen und diese systematisch einbeziehen, können folgende Unterscheidungen getroffen werden:

- **Netzwerk der Kita mit anderen Institutionen.** Hierzu gehört die Kooperation einer Kita mit anderen Kindertageseinrichtungen, die Kooperation mit Fachdiensten wie Erziehungsberatungsstellen und/oder Allgemeinem Sozialen Dienst des Jugendamtes, mit dem Träger oder übergeordneten Trägerorganisationen, mit Schulen und mit Institutionen im Sozialraum, z.B. Firmen, Sportvereinen, Altenheimen etc.
- **Netzwerk für Kinder und deren Eltern.** Dabei handelt es sich um Netzwerke im Nahraum der Institution, z.B. zu Sportvereinen, zur Kirchengemeinde, zu Erziehungsberatungsstellen, Beratungsstellen für Frühförderung, ASD des Jugendamtes oder der Schuldnerberatung, die zum Wohle der Kinder und ihrer

Kitas haben verschiedene Möglichkeiten der Vernetzung: für das Team bzw. die Einrichtung, für die Eltern und Kinder, zwischen den Eltern sowie den Kindern untereinander

Eltern geknüpft werden und auf die diese ohne Rücksprache mit der Kita zugreifen können.
- **Netzwerk für Eltern untereinander.** Dieses Netzwerk kann durch die Schaffung von Begegnungsräumen, etwa einem Elterncafé, oder durch andere Angebote gestaltet werden. Darüber hinaus dienen auch Elterngruppen, die im Rahmen der Kindertageseinrichtung angeboten werden – z.B. ein Sprachkurs für Mütter mit Migrationshintergrund –, zur Netzwerkbildung der Eltern untereinander.
- **Netzwerk für Kinder untereinander.** Für dieses Netzwerk ist unter anderem ein systematischer Aufbau von Kontakten der Kinder untereinander notwendig, z.B. um sozial isolierte Kinder stärker in Gruppen einzubeziehen.

Allgemeine Anforderungen für die Netzwerkbildung
In Anlehnung an Nestmann (2009, S. 610 ff.) lassen sich folgende *Anforderungen für die Netzwerkbildung* formulieren:
- Netzwerkbildung muss „Transparenz und Freiwilligkeit gewährleisten".
- Netzwerkbildung muss „Bindung und Autonomie ausbalancieren".
- Netzwerkbildung muss „Reziprozität herstellen". Hiermit ist gemeint, dass die Beziehungen zwischen den Netzwerkpartnern ausbalanciert sind und keine Seite das Gefühl hat, nur zu geben.
- Die Unterstützungsstrategien müssen zu den Unterstützungsbedürfnissen passen. Dies setzt voraus, dass geplant und erfasst wird wer wann welche Unterstützung braucht. Hierzu sind die Hilfeerwartungen und zueinander passende Hilfequellen abzustimmen.
- Der „Aufbau von Netzwerken muss verschiedene Vorgehensweisen kombinieren". Dies bedeutet, dass nicht nur direkte Strategien – wie das Ankündigen einer Elterngruppe – hilfreich sind, sondern auch indirekte Strategien – wie ein offener Treff im Rahmen eines Elterncafés. Dadurch kann es zum Aufbau festerer Strukturen kommen.
- Das Vorgehen muss evaluiert werden.
- Es müssen ungeplante Wirkungen berücksichtigt werden.

> Vernetzungen müssen gut geplant und kontinuierliche evaluiert werden

- „Netzwerkinterventionen und Unterstützungsförderungen müssen vermittelt und gelehrt werden". Hier besteht nach Nestmann (2009) ein erheblicher Handlungsbedarf.

Zielgruppenspezifische Netzwerkbildung
Analyse
Grundlage für die *ziel- und zielgruppenspezifische Bildung von Netzwerken* sind konkrete **Analysemethoden**. Einfache Methoden sind:
- **Fragebögen**. Mittels einfacher Fragebögen können die Bedarfe der Institutionen, aber auch einzelner Personen erfasst werden (vgl. Tabelle 3).
- **Matrix** z.B. zur konkreten Analyse bestehender Netzwerke. Hierzu werden reale oder potenzielle Netzwerkpartner gebeten, die Beziehungen untereinander mit Hilfe eines Erfassungsbogens einzuschätzen (vgl. Tabelle 4). Hieraus lässt sich dann die Matrix bilden (vgl. Tabelle 5).
- **Netzwerkkarten**. Auf einfache Weise lassen sich Netzwerke grafisch in Form einer „Landkarte" darstellen. Hierzu wird ein Netzwerkpartner auf einer gedachten Karte eingezeichnet bzw. „gesetzt". Anschließend werden alle anderen Netzwerkpartner im Verhältnis dazu eingezeichnet. Auf diese Weise wird die Nähe und Distanz bzw. werden die Netzwerkbeziehungen zwischen den Netzwerkpartnern sichtbar. Durch Pfeile lassen sich die Beziehungen im Netzwerk noch einmal verdeutlichen (vgl. Abbildung 7).

Bedarf und Ausgestaltung der Netzwerke sollten regelmäßig überprüft werden

Institution	Person(en) in der Institution	Kontakthäufigkeit	Zufriedenstellend?	Handlungsbedarf	Handlungsplan (Zuständigkeit, Zeitplanung)
ASD (Allgemeiner Sozialer Dienst) des Jugendamtes	Frau Schmidt	2x/Jahr, nur fallbezogen	Nein	Ja, regelmäßiger, fallunabhängiger Kontakt wünschenswert	Leitung führt Gespräch bis zum ... (bitte Datum einfügen)
Beratungsstelle Frühförderung	• Frau Heinrich • Herr Müller • Frau Klein	• Mind. 1x/Monat • Regelmäßige Fallbesprechungen („große Runde")	Ja	Nein	

Tabelle 3: Beispiel für einen Fragebogen

Institution	Einschätzung von +2 bis -2	Entwicklungsbedarf	Bemerkungen
Kita Grüne Raupe (nächstgelegene Kita)	-1	Ja	Viel Konkurrenz
Grundschule	0	Ja	Regelmäßiger!!!
Erziehungsberatungsstelle	+1	Nein	
Ergotherapeutin Frau Schmidt	+2	Nein	Sehr verbindlich
Niedergelassene Heilpädagogin Frau Müller	0	Nein	
Kinderärztin Frau Dr. Vogel	-2	Ja	Nimmt uns nicht ernst
Kinderarzt Herr Dr. Meise	-2	Ja	

Tabelle 4: Beispiel für einen Erfassungsbogen zur Vorbereitung einer Matrix. Mögliche Aufgabenstellung: Bitte schätzen Sie die Beziehung zu folgenden Institutionen bzw. Einzelpersonen auf einer Skala von +2 (sehr gute Beziehung) bis -2 (sehr schlechte Beziehung) ein. Sie können noch bis zu drei weitere Institutionen hinzufügen. Bitte markieren Sie die Beziehungen, bei denen Sie Entwicklungsbedarf sehen.

	Kita Grüne Raupe	Grund-schule	Erziehungs-beratung	Ergothera-peutin	Kinder-ärztin
Helga	-1	0	+1	+2	-2
Gerda	0	0	+2	+1	-1
Friederike	-2	+1	0	+1	-1
Marion	+1	-1	+1	+2	0
Heiner	0	0	+1	+2	-2
Summe	-1	0	+5	+8	-6
Bedarfsan-meldungen für Kontakte	4	5	1	0	3

Tabelle 5: Erstellung einer Matrix. Aus den Erfassungsbögen (vgl. Tabelle 4) mehrerer Kolleginnen bzw. Institutionen lässt sich eine Matrix erstellen. Dazu werden die summierten Werte in eine Tabelle eingetragen und man erhält eine einfache Übersicht über die Beziehungsqualitäten. In der letzten Spalte „Bedarfsanmeldungen" wird die Summe der Bedarfe eingetragen, die die pädagogischen Fachkräfte für die einzelnen Institutionen sehen.

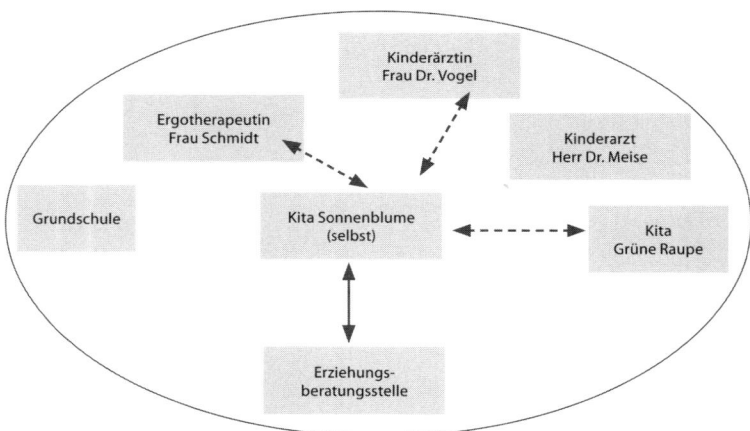

Abbildung 7: Beispiel für eine Netzwerkkarte. Die gestrichelte Linie deutet eine schlechte Beziehung, die durchgängige Linie eine gute Beziehung an.

Strategien und Handlungsschritte
Auf der Grundlage der oben beschriebenen Analyse ist es möglich, *Strategien* und *Handlungsschritte* festzulegen:
- **Festlegung von Zielen des Netzwerkes und der damit verbundenen Form.** Wie lange soll das Netzwerk Bestand haben? Soll es systematisch verbindlich geregelt sein? Soll es eher einen offenen Charakter haben?
- **Investition von Zeit und Kraft.** Der Aufbau von Netzwerken erfordert Zeit und Kraft. Diese müssen aus den bestehenden Ressourcen zur Verfügung gestellt werden oder es müssen neue aufgebaut werden. Eine wichtige Grundlage hierfür ist die Entscheidung des Teams einer Kindertageseinrichtung und die kraftvolle Unterstützung der Leitung.
- **Festlegung von Handlungsschritten und Umsetzung.** Dabei hat sich als wirkungsvoll erwiesen, zunächst kleine Schritte zu gehen, beispielsweise Beziehungen erst zu wenigen Partnern aufzubauen und diese zu festigen. Diese können den Kern des Netzwerkes darstellen, um es dann nach und nach auszuweiten.

Wichtig ist eine systematische Abfolge des Netzwerkaufbaus, diese transparent festzulegen und immer wieder zu reflektieren.

> Lieber wenige effektive Netzwerke als viele Kooperationen mit wenig Inhalt

Beispiele für eine Netzwerkbildung
Netzwerkbildung zwischen Kita und Beratungsstelle
Den Erzieherinnen in einer Kindertageseinrichtung fällt auf, dass Familien mit einem besonderen Unterstützungsbedarf nur selten zeitnah einen Termin in der Erziehungsberatungsstelle bekommen. Früher bestanden gute Kontakte zu den Einrichtungen, durch den Wechsel von Mitarbeiterinnen sind sie allerdings wieder „eingeschlafen". Es wird geplant, dass eine verbindliche, vertraglich abgesicherte – und damit personenunabhängige – Kooperation aufgebaut wird. Dazu nimmt die Leitung der Einrichtung Kontakt zur Erziehungsberatungsstelle (EB) auf. Bei einem Treffen wird die Arbeit der Kita und die Situation der Familien dem Team der EB vorgestellt, in einem weiteren Treffen stellen die EB-Mitarbeiterinnen dem Kita-Team ihr Angebotsspektrum und ihre Arbeitsweise vor. Es wird die Idee einer regelmäßigen offenen Sprechstunde („Familiensprechstunde") der EB in der Kita entwickelt.

Die EB-Mitarbeiterinnen haben die Befürchtung, dass dann zusätzliche Bedarfe geweckt werden und die Beratungsstellen von Familien aus dieser einen Kita „überrollt" werden. Es wird vereinbart, dieses Konzept probeweise für ein halbes Jahr zu realisieren und dann gemeinsam auszuwerten. Nach den gemachten Erfahrungen soll ein verbindlicher Kooperationsvertrag geschlossen werden, der auch gemeinsame Teamsitzungen einmal pro Jahr vorsieht.

Vernetzung kann entlasten

Netzwerkbildung zwischen Eltern

Drei Fachkräfte machen die Beobachtung, dass mehrere türkische Mütter relativ isoliert scheinen. Sie bringen ihre Kinder, sind dabei aber sehr zurückhaltend und vorsichtig. In Einzelgesprächen wird deutlich, dass sie in ihren Familien relativ isoliert sind und sich den Kontakt zu anderen Müttern wünschen. Im Team wird die Notwendigkeit erkannt, an dieser Stelle Energie zu investieren, um die Mütter – und damit auch die Kinder – zu unterstützen, diese familiäre Isolation zu überwinden, soweit es für sie möglich ist. Als erster Schritt wird dazu einmal in der Woche zur Bringzeit eine „Teestunde" angeboten, dazu werden die Mütter gezielt eingeladen. Eine pädagogische Fachkraft begleitet die „Teestunde" und unterstützt die Beziehungsaufnahme zwischen den Müttern.

> **→ WICHTIGES IM ÜBERBLICK**
> **Bedeutung von Netzwerken**
> Die Bildung von Netzwerken bietet viele Chancen für die Kindertageseinrichtungen, aber auch für Familien und einzelne Kinder, sich (soziale) Unterstützung zu sichern. Netzwerke können somit helfen, Schwierigkeiten zu bewältigen. Allerdings bedarf der Aufbau, aber auch der Erhalt von Netzwerken eines Aufwandes, für den Ressourcen zur Verfügung gestellt werden müssen. Netzwerke sind keine automatischen „Selbstläufer", sie müssen gepflegt und ihre Wirkung muss immer wieder reflektiert werden.

3.5 Baustein 5: Evaluation eigener Maßnahmen und Angebote

In diesem Unterkapitel erfahren Sie ...
- wie Maßnahmen und Angebote auf ihre Wirksamkeit hin überprüft werden können
- welche Methoden zur Auswertung genutzt werden können
- woran man erkennen kann, dass ein Angebot erfolgreich ist bzw. war

Reflexion und *Evaluation* sind zentrale Bestandteile einer erfolgreichen Angebotsplanung und -durchführung. Dabei geht es nicht nur darum, Abgeschlossenes zu reflektieren und nachzubereiten, sondern schon während des Prozesses zu überprüfen, ob die Planung bzw. Durchführung in die gewünschte Richtung geht.

Auf den ersten Blick scheint Evaluation ein (zeit-)aufwendiges Verfahren zu sein, dessen Nutzen nicht gleich für alle deutlich wird. Wird Evaluation aber zum selbstverständlichen Bestandteil der Einrichtung, lassen sich viele Vorteile erkennen.

> **→ Wichtiges im Überblick**
> **Vorteile der Evaluation**
> - Stichhaltige Argumentationsgrundlage zur Weiterführung von erfolgreichen Programmen und Konzepten, z.B. zur Unterstützung beim Träger.
> - Aufzeigen von Stärken und Erfolgen der Einrichtung bzw. der Durchführenden.
> - Dokumentation von Stärken und Kompetenzen der Kinder.
> - Grundlage für Entwicklungsgespräche mit den Eltern.
> - Bessere Angebotsplanung und -durchführung, die sich an den Bedürfnissen der Zielgruppe orientiert.

Ob ein Programm die erwünschte Wirkung erzielt und was dazu beigetragen bzw. was es beeinflusst hat, hängt von vielen verschiedenen Faktoren ab. Fröhlich-Gildhoff (2008) spricht von der „Komplexität

Angebote und Methoden zu evaluieren bedeutet ein komplexes Geschehen zu erfassen

des Gegenstandes" (ebd., S. 281) und erläutert dies am Beispiel des Kinderkurses zur Resilienzförderung (vgl. Kap. 3.2):

So haben die Kinder selbst mit ihrer Persönlichkeit, Motivation und ihrem Entwicklungsstand einen Einfluss auf das Ergebnis des Kurses. Nehmen z.b. viele bewegungsfreudige und mitteilungsbedürftige Kinder am Kurs teil, muss die Kursgestaltung eine andere sein, als wenn ruhige und zurückhaltende Kinder dominieren. Aber auch die Kursleiterinnen selber beeinflussen den Prozess mit ihrer Persönlichkeit, Motivation und Erfahrung. Darüber hinaus wirken die Rahmenbedingungen, wie z.b. der Ort, an dem der Kurs stattfindet, der Zeitpunkt oder die Gruppenzusammensetzung. So wird ein Kurs, der am Montagnachmittag stattfindet, anders ablaufen, als ein Kurs, der Mittwochvormittag durchgeführt wird. Nicht zu vergessen sind Personen von außen, die eine Rolle spielen können, wie z.B. die Eltern. Diese können die Kinder darin unterstützen, indem sie einzelne Kursbestandteile zu Hause aufgreifen, oder sie demotivieren, indem sie kein Interesse zeigen bzw. abwertend reagieren (vgl. ebd., S. 282).

Es wird deutlich, dass vieles beachtet werden muss, wenn man die Wirkung und Effekte einer Intervention bzw. eines Programms überprüfen möchte. Um dieser Komplexität gerecht zu werden, ist es entscheidend, nicht nur am Ende eines Programms oder einer Maßnahme Entwicklungen festzuhalten, sondern zuvor auch den Ausgangszustand zu beschreiben. Denn wenn nur die Entwicklungen des Kindes *nach* einem Angebot dokumentiert werden, ist nicht genau nachzuvollziehen, ob sich eine Veränderung ergeben hat. Eine **Vorher-Nachher-Evaluation** (auch summative oder Ergebnis-Evaluation genannt) ist also ein Bestandteil, um Effekte nachweisen zu können. Bleibt es aber bei der Vorher-Nachher-Darstellung, kann zumeist noch keine Aussage darüber gemacht werden, was genau zu der Veränderung – positiv wie negativ – geführt hat. Um dies herauszufinden, muss auch der Prozess selbst unter die Lupe genommen werden. Außerdem kann dadurch besser gewährleistet werden, dass die Bedürfnisse der Zielgruppe je-

Vorher-Nachher-Evaluation hilft Fortschritte und Entwicklungen zu dokumentieren

Durch Beobachtung der Prozesse werden die Wirkungen eines Angebots deutlich

derzeit berücksichtigt werden und das Angebot bei Bedarf angepasst oder verändert werden kann. Es gilt aber noch einen weiteren Gesichtspunkt zu beachten: da verschiedene Faktoren einen Einfluss auf das Geschehen haben, ist es hilfreich, möglichst viele verschiedene Perspektiven einzubeziehen, um das Geschehen mit einem ganzheitlichen Blick zu erfassen. Hierbei spricht man auch von **Triangulation** (vgl. Fröhlich-Gildhoff 2008, S. 287). Um das zu erreichen, sollten verschiedene Methoden oder Instrumente eingesetzt werden, z.B. Beobachtung *und* Dokumentation während des Angebots *sowie* Fragebögen vorher und nachher.

> Um alle Perspektiven berücksichtigen zu können, sollten verschiedene Methoden und Instrumente eingesetzt werden

Möchte man sehr genaue Rückmeldungen zu einem Angebot erhalten, kann man zusätzlich noch eine **Vergleichsgruppe** einsetzen. Dies ist dann hilfreich, wenn eine Veränderung bei der Zielgruppe festgestellt wurde und sich auch im Prozess verschiedene Wirkmechanismen gezeigt haben, jedoch nicht ganz klar ist, ob es wirklich das Angebot war, das diese Effekte hervorgerufen hat. Es könnte auch damit zusammenhängen, dass die Zielgruppe besonders gut gelaunt war oder andere Faktoren eine Rolle gespielt haben, die nicht kontrolliert werden können. Es braucht also eine – der Projektgruppe bzw. Durchführungsgruppe sehr ähnliche – Vergleichsgruppe, die nicht an dem Angebot teilgenommen hat und die ebenfalls vorher und nachher befragt oder beobachtet wird. Wenn sich bei der Vergleichsgruppe nicht dieselben positiven Veränderungen ergeben wie bei der Durchführungsgruppe, können die Effekte gesicherter auf das Angebot zurückgeführt werden.

Natürlich wäre es zu aufwendig, all die genannten Schritte bei jedem Angebot durchzuführen. Vor allem eine Realisierung mit einer Vergleichsgruppe ist nur selten notwendig und auch nicht immer alltagstauglich. Eine Vorher-Nachher-Untersuchung und Prozessdokumentation mit verschiedenen Methoden sollte aber zum Standard einer Einrichtung gehören, die ein Projekt durchführt oder ein neues Angebot umsetzt.. Wie das konkret aussehen kann, soll im Folgenden an einem Angebot für Kinder und einem für die Eltern deutlich werden.

Evaluation eines Kinderkurses zur Resilienzförderung

Mit einem Kinderkurs zur Resilienzförderung (vgl. Kapitel 3.2) sollen verschiedene Resilienzfaktoren, wie u.a. die Selbstwirksamkeit, die Selbststeuerung und die Soziale Kompetenz, bei den Kindern gestärkt und unterstützt werden. Außerdem sollen die Kompetenzen und Stärken der einzelnen Kinder deutlich werden. Es ist also notwendig, Methoden oder Instrumente zu finden, die zeigen, ob sich in diesen Bereichen Verbesserungen ergeben haben oder nicht.

Standardisierte Fragebögen

Um die Veränderungen vor und nach einem Kurs zu erfassen, ist es am effektivsten, **standardisierte Fragebögen** einzusetzen. Für Kinder im Vorschulalter wurden eine Reihe solcher Fragebögen entwickelt, mit denen sich quantitativ Veränderungen abbilden lassen. Leider erfassen die meisten dieser Bögen zum größten Teil nur die Schwierigkeiten und Probleme von Kindern anstatt ihre Stärken und Ressourcen.

Mit Hilfe von standardisierten Frage- und Beobachtungsbögen können Beobachtungen systematisiert werden – sie erleichtern den Vergleich von verschiedenen Zeitpunkten, aber auch von verschiedenen Kindern. Um verschiedene Perspektiven zu berücksichtigen, sollte der Bogen von einer weiteren Fachkraft und auch von den Eltern vor und nach dem Kinderkurs ausgefüllt werden.

Alle Beteiligten sollten die Möglichkeit haben, ihre Perspektive darzulegen

Neben der Vorher-Nachher-Evaluation ist es wichtig, den Prozess zu beobachten und zu dokumentieren. Das kann entweder mithilfe eigener erstellter Dokumentationsbögen erfolgen (vgl. Abbildung 8) oder mit standardisierten Instrumenten.

BAUSTEINE ZUR FÖRDERUNG VON RESILIENZ

Dokumentationsbogen Kinderkurs

Name des Kindes: _____

Gruppe: _____

Kursleiterinnen: _____

Dieser Bogen dient der Dokumentation des Entwicklungsverlaufs des Kindes. Er sollte direkt nach jeder Stunde ausgefüllt werden, um Veränderungen bei den Kindern feststellen zu können.

Datum:				
Trainingseinheit:	1	2	3	...
Das Kind ...				
1. ... ist neugierig / interessiert	1 2 3 4	1 2 3 4	1 2 3 4	1 2 3 4
2. ... beteiligt sich aktiv	1 2 3 4	1 2 3 4	1 2 3 4	1 2 3 4
3. ... bringt eigene Ideen ein	1 2 3 4	1 2 3 4	1 2 3 4	1 2 3 4
4. ... zeigt Gefühle	1 2 3 4	1 2 3 4	1 2 3 4	1 2 3 4
5. ... kann Kontakte mit anderen Kindern aufnehmen	1 2 3 4	1 2 3 4	1 2 3 4	1 2 3 4
6. ... traut sich etwas zu, gibt bei Schwierigkeiten nicht auf	1 2 3 4	1 2 3 4	1 2 3 4	1 2 3 4
7. ... kann Konflikte verbal regeln (ohne körperliche Angriffe)	1 2 3 4	1 2 3 4	1 2 3 4	1 2 3 4
8. ... hört gut zu / ist aufmerksam	1 2 3 4	1 2 3 4	1 2 3 4	1 2 3 4
9. ... hält sich an Regeln	1 2 3 4	1 2 3 4	1 2 3 4	1 2 3 4
10. ... kann ruhig sitzen	1 2 3 4	1 2 3 4	1 2 3 4	1 2 3 4
11. ... kann sich in der Gruppe behaupten	1 2 3 4	1 2 3 4	1 2 3 4	1 2 3 4
12. ... kann sich ausdauernd mit einer Sache beschäftigen	1 2 3 4	1 2 3 4	1 2 3 4	1 2 3 4

Die Skala zum Ausfüllen lautet:
1 = gar nicht   2 = manchmal   3 = oft   4 = immer
Was ist sonst bei diesem Kind noch aufgefallen/was war wichtig in der Stunde?

Abbildung 8: Beispiel für einen Dokumentationsbogen zur Prozessbeobachtung und -dokumentation vor, während und nach einem Kinderkurs zur Resilienzförderung

> **WICHTIGES IM ÜBERBLICK**
> **Standardisierte Instrumente zur Vorher-Nachher-Evaluation**
>
> **Fragebogen**
> - Verhaltensbeurteilungsbogen für Vorschulkinder (VBV) (Döpfner et al. 1993)
> - Beobachtungsbogen für 3 bis 6-jährige Kinder (BBK 3–6) (Frey, Duhm & Althaus 2008)
> - Elternfragebogen über das Verhalten von Kindern und Jugendlichen (CBCL 4–18) (Arbeitsgruppe Kinder-, Jugendlichen- und Familiendiagnostik 1998)
> - Fragebogen zur Erfassung praktischer und sozialer Selbstständigkeit 4 bis 6-jähriger Kinder (FPSS) (Duhm & Huss 1979)
> - PERiK – Positive Entwicklung und Resilienz im Kindergartenalltag (Mayr & Ulich 2006)
>
> **Test**
> - Dortmunder Entwicklungsscreening für den Kindergarten (DESK 3–6) (Tröster, Flender & Reineke 2004)
> - Wiener Entwicklungstest (WET) (Kastner-Koller & Deimann 2002)

PERiK – Positive Entwicklung und Resilienz im Kindergartenalltag

Auf den vom Staatsinstitut für Frühpädagogik entwickelten Beobachtungsbogen „*PERiK*" – *Positive Entwicklung und Resilienz im Kindergartenalltag* (Mayr & Ulich 2006) soll an dieser Stelle etwas näher eingegangen werden. Er wurde für Kinder im Alter von ca. 3,5 Jahren bis zum Schuleintritt entwickelt und beschreibt konsequent die Kompetenzen von Kindern. Er soll helfen, das einzelne Kind differenziert wahrzunehmen, eigene Erwartungen zu reflektieren und Kompetenzen gezielt zu fördern.

Viele Instrumente konzentrieren sich auf die Verhaltensauffälligkeiten und Schwierigkeiten von Kindern. Es sollten aber auch die Kompetenzen und Ressourcen in den Blick genommen werden

Der Bogen umfasst sechs Bereiche der sozial-emotionalen Entwicklung:
- Kontaktfähigkeit
- Selbststeuerung/Rücksichtnahme
- Selbstbehauptung
- Stressregulierung
- Aufgabenorientierung
- Explorationsfreude.

Jeder Bereich enthält sechs Aussagen, die auf einer Skala von eins bis fünf bewertet werden. So soll z.b die Stärke „Kind findet leicht/schnell (positiven) Kontakt zu anderen Kindern" auf einem Spektrum von „gar nicht" bis „durchgängig" eingeordnet werden. Für jeden Bereich werden anschließend die Bewertungen der sechs Aussagen addiert. Diese Summenwerte können dann mit einer sogenannten Normstichprobe verglichen werden, d.h. der Bogen wurde an einer großen Anzahl von Kindern getestet, und mit ihren Werten kann das Kind aus der eigenen Kita verglichen werden. So kann das Ergebnis laut der Autoren Aufschluss darüber geben, ob das Kind über dem Durchschnitt, im Durchschnitt oder unter dem Durchschnitt liegt verglichen mit anderen Kindern desselben Alters und Geschlechts:
- „Gruppe 1: Werte der oberen 25% (über dem Durchschnitt)
- Gruppe 2: Werte der mittleren 50% (Durchschnitt)
- Gruppe 3: Werte der unteren 25% (unter dem Durchschnitt)" (Mayr & Ulich 2006, S. 17).

Die Autoren verweisen aber auch darauf, dass die Grenzen zwischen den Gruppen nicht scharf sind und es fließende Übergänge zu berücksichtigen gilt.

Stärkeprofil

Am Ende eines Kinderkurses können die Beobachtungen und Dokumentationen in einem *Stärkeprofil* zusammengefasst werden. Damit ist gemeint, dass zum einen die Entwicklung des Kindes kurz geschildert wird und zum anderen seine Fähigkeiten und Stärken schriftlich festgehalten werden. (vgl. Abb. 9 und Abb. 10) Daraus können weiterführende Unterstützungsmöglichkeiten formuliert werden, es kann aber auch in einem Elterngespräch eingesetzt werden. Das Stärkeprofil ist jederzeit erweiterbar.

> **Beispiel I für ein Stärkeprofil**
>
> **Name:** *Matthias*
> **Entwicklung:** *Matthias hat sich den ganzen Kinderkurs über viel eingebracht und hatte tolle Ideen. Er war dabei oft sehr lebhaft und brauchte Bewegung. Er versuchte deshalb häufiger die Grenzen auszutesten, konnte sich dann aber auch wieder an Regeln halten. Insgesamt hat er dazu beigetragen, dass der Kurs mit Leben gefüllt war, und wir konnten uns auf seine Beteiligung verlassen.*
> **Stärken:** *Matthias ist begeisterungsfähig und hat große Fantasie. Er ist selbstbewusst und kann sich gut durchsetzen. Darüber hinaus kann er gut erzählen und sich in Situationen hineinversetzen. Er ist offen und gradlinig und hat Charme!*
> **Weitere Unterstützung:** *Matthias muss manchmal gebremst werden, damit auch noch andere Kinder zum Zug kommen. Damit er sich besser zurückhalten kann, könnte es ihm helfen, solche Situationen z.B. in Teamspielen zu üben und ihn sofort dafür zu loben, wenn er es aushält. Er drückt sehr viel über Bewegung aus und sollte ausreichend Freiraum bekommen, seine Energie auszuleben.*

Abbildung 9: Stärkeprofil eines Jungen im Vorschulalter

Evaluation der Zusammenarbeit mit Eltern
Die Zusammenarbeit mit den Eltern sollte immer wieder dahingehend überprüft werden, ob beide Seiten zufrieden sind und ob sie zu den gewünschten Ergebnissen führt. Dazu können unterschiedliche Vorgehensweisen und Methoden angewandt werden: Methoden, die die Eltern in die Auswertung einbeziehen, und Methoden, die zur eigenen Reflexion dienen oder die im Team ausgewertet werden. Methoden, die die Eltern involvieren, haben den Vorteil, dass sie zugleich die Zusammenarbeit stärken. Die Eltern erhalten dadurch die Rückmeldung, dass ihre Meinung gefragt ist und man sich an ihren Bedürfnissen orientiert.

Eltern können hilfreiche Aussagen zur Zusammenarbeit machen

> **Beispiel II für ein Stärkeprofil**
>
> **Name:** *Julia*
>
> **Entwicklung:** *Julia war zu Beginn des Kinderkurses eher zurückhaltend, aber hat von Anfang an sehr gut mitgemacht. Je länger der Kurs andauerte, desto öfter brachte sie sich ein und erzählte immer mehr von sich Auch hat sie sich nicht immer zurückgenommen, sondern konnte sich gut durchsetzen bzw. verteidigen, dafür brauchte sie immer weniger Hilfe.*
>
> **Stärken:** *Julia ist eine sehr gute und aufmerksame Zuhörerin, sie kann sich gut in andere Kinder hineinversetzen und auch ihre eigenen Gefühle ausdrücken. Sie kann sich lange konzentrieren und ausdauernd bei einer Sache bleiben.*
>
> **Weitere Unterstützung:** *Julia hält sich öfter zurück und lässt anderen den Vortritt. Allerdings weiß sie sich auch zu behaupten, Wenn sie dies tut, sollte sie deutlich dafür gelobt werden. Außerdem sollte ihr signalisiert werden, dass sie auch in Ordnung ist, wenn sie sich nicht immer angepasst verhält.*

Abbildung 10: Stärkeprofil eines Mädchens im Vorschulalter

Wie schon in Kapitel 3.3 deutlich gemacht wurde, ist für den Erfolg eines Angebots entscheidend, dass es den Bedürfnissen und Lebenszusammenhängen der Eltern entspricht. Dies gilt genauso für die Evaluation eines Angebots. Wenn Erzieherinnen eine Rückmeldung von den Eltern erhalten möchten, muss das in einer Form geschehen, die für die Eltern zu realisieren ist. Das bedeutet z. B., dass keine schriftlichen Befragungen bei Eltern, die kaum oder gar nicht lesen und schreiben können, eingesetzt werden oder dass es bei Eltern mit Migrationshintergrund Fragebögen in ihrer Sprache gibt. Die pädagogische Fachkraft sollte also ebenso wie bei der Wahl des Angebots genau überlegen, wen sie befragen möchte, auf welche Weise sie es tut und was das Ziel der Befragung ist.

> Verschiedene Eltern brauchen unterschiedliche Methoden zur Auswertung

Eine **schriftliche Befragung** hat den Vorteil, dass die Eltern anonym Rückmeldung geben können und dadurch evtl. ehrlicher sind

Eine schriftliche Befragung muss kurz und übersichtlich sein und sollte in verschiedenen Sprachen übersetzt werden

Bei Fragebögen sollten eher wenige offene Fragen gestellt werden; es sollten überwiegend Möglichkeiten zum Ankreuzen gegeben sein. Den Eltern erleichtert es so, den Fragebogen vollständig auszufüllen. Insgesamt muss der Fragebogen kurz gehalten werden, da die wenigsten Eltern Zeit und Lust haben, lange Fragebögen auszufüllen – das geht den pädagogischen Fachkräften meistens nicht anders. Die Ergebnisse sollten in jedem Fall an alle Beteiligten weitergegeben und nicht nur im Team diskutiert werden.

Für Eltern, die Schwierigkeiten mit schriftlichen Befragungen haben, können Fragebögen entweder gemeinsam mit Hilfe einer pädagogischen Fachkraft ausgefüllt werden oder es werden andere Eltern gefragt, ob sie zu den Abhol- und Bringzeiten zur Unterstützung zur Verfügung stehen. So kann zum einen gewährleistet werden, dass die Eltern die Fragebögen ehrlich ausfüllen, zum anderen können die Sprachkenntnisse von Eltern bei Übersetzungen genutzt werden.

Mündliche Befragungen können in Angebote integriert werden, wie z.B. Diskussionsrunden und Zukunftswerkstätten

Eine Alternative zu Fragebögen sind **mündliche Befragungen** in Form von Interviews oder Diskussionsrunden, z.B. im Rahmen eines Elterncafés. Dies hat den Vorteil, dass die Eltern direkt beteiligt sind und unmittelbar gemeinsam Schritte überlegt werden können, wie das Angebot verbessert und (anders) weitergeführt werden kann.

Zur Weiterentwicklung oder Neukonzeptionierung eignen sich **Zukunftswerkstätten** (vgl. Kapitel 3.1). Dies ist allerdings ein relativ aufwendiges Verfahren und erfordert gute Moderationsfähigkeiten. Hilfreich hierfür ist es, wenn jemand von außen den Prozess steuert, so dass alle Beteiligten sich auf den Verlauf konzentrieren können. Der Vorteil ist ein intensives gemeinsames Arbeiten an einem gemeinsamen Ziel, das verbindet und zu Ideen und Konzepten führt, für deren Entwicklung im Alltag selten Zeit ist.

Relativ kurze und wenig zeitaufwendige Verfahren zur Befragung von Eltern sind **Flipchart-** oder **Wäscheleinenbefragungen** oder auch **Blitzlichtrunden** bzw. **Stimmungsbarometer** (vgl. Gerth 2007).

Für die Flipchartbefragung wird ein großes Plakat im Eingangsbe-

reich der Kita gehängt mit verschiedenen Fragen und Antwortkategorien zur Zusammenarbeit bzw. zu den Angeboten. Die Eltern können dann Punkte für die jeweiligen Angebote auf das Plakat kleben und damit ihre Bewertung abgeben. Das Ergebnis ist damit gleich für alle ersichtlich und transparent. Eine ähnliche Vorgehensweise wird bei der Wäscheleine verfolgt. Dort haben die Eltern die Möglichkeit, auf Karteikarten ihre Antworten zu notieren und unter die Fragestellungen zu hängen.
Dieselbe Vorgehensweise lässt sich natürlich auch für eine Reflexion im Team verwenden. Viele weitere Ideen sind bei Gerth (2007) beschrieben.

> → **Wichtiges im Überblick**
> **Methoden zur Befragung von Eltern**
> - Selbst erstellter (kurzer) Fragebogen
> - Diskussion im Rahmen eines Elterncafés, Elternabends usw.
> - Flipchartbefragung
> - Wäscheleinenbefragung
> - Persönliche Befragung der Eltern in Form eines Interviews
> - Zukunftswerkstatt (vgl. Kapitel 3.1)
> - Blitzlicht, Stimmungsbarometer

IN DIESEM KAPITEL ERFAHREN SIE ...

- welche Faktoren die Gesundheit von pädagogischen Fachkräften beeinträchtigen
- welche Studien es zur Gesundheit von pädagogischen Fachkräften gibt
- Bedingungen, die die Arbeitszufriedenheit erhöhen
- wie Belastungen und Anforderungen verarbeitet werden
- welche Maßnahmen es zur Gesundheitsförderung gibt

4. Förderung von Resilienz und seelischer Gesundheit im Team

Wie schon in Kapitel 2.1 beschrieben, haben sich die Anforderungen an die Tätigkeit der pädagogischen Fachkräfte in den Kindertageseinrichtungen erhöht:
- Die Arbeit mit den Kindern wird stärker unter einer Bildungsperspektive betrachtet: die Fachkräfte müssen auf der Grundlage einer deutlicher am einzelnen Kind ausgerichteten Pädagogik die Selbstbildungsprozesse der Kinder ko-konstruktiv begleiten und unterstützen. Dazu müssen sie passgenaue Beziehungsangebote machen, die Interessen und das Engagement der Kinder sowie deren Entwicklungsstand möglichst genau beobachten und dokumentieren und hierauf die pädagogischen Begegnungsformen abstimmen. Zudem steigen die Belastungen von Kindern, auch hier müssen gezielte Unterstützungsangebote zur Integration und zur Prävention realisiert werden (vgl. z.B. Kasüschke & Fröhlich-Gildhoff 2008, Fried & Roux 2006).
- Die Zusammenarbeit mit Eltern ist integraler Bestandteil der pädagogischen Arbeit in den Kindertageseinrichtungen geworden. Es geht darum, Erziehungspartnerschaft aktiv zu gestalten, die Eltern in Erziehungsfragen zu beraten und darüber hinaus Angebote der Elternbildung und entsprechender Kurse zu realisieren (z.B. Textor 2005, 2006). Die Kindertageseinrichtungen sind eine zentrale gesellschaftliche Sozialisationsinstanz für die Kinder, sie entwickeln sich darüber hinaus zu Lern- und Lebensorten auch für die Eltern – die Institutionen entwickeln sich vielfach zu Familienzentren. Unter dieser

Anforderungen an pädagogische Fachkräfte haben sich erhöht: Beobachtung, Dokumentation, Elternarbeit und Vernetzung gehören zu den täglichen Aufgaben

Perspektive haben die Einrichtungen auch eine hohe gesellschaftlich-integrative Funktion, so gilt es beispielsweise, Familien mit Migrationshintergrund in ihrer kulturellen Einzigartigkeit abzuholen und in das Leben in der Kita einzubeziehen.

- Kindertageseinrichtungen müssen sich darüber hinaus mit anderen Institutionen vernetzen, weil viele der Aufgaben nicht mehr nur in der Einrichtung zu bewältigen sind und weil Familien niedrigschwellige Wege in andere Institutionen (z.B. Erziehungsberatungsstellen) gebahnt werden müssen.

Die Vielfalt dieser Anforderungen kann zu erhöhten Belastungen für die Fachkräfte führen und stellt potenziell einen Risikofaktor für die Entstehung von körperlichen und/oder seelischen Erkrankungen dar.

In diesem Abschnitt werden die körperliche und psychische Gesundheit von pädagogischen Fachkräften in Kindertagseinrichtungen betrachtet und die Belastungen, wie sie anhand von Studien herausgefunden wurden, dargelegt. Dabei soll auch deutlich werden, dass eine Anforderung per se nicht zu einer Belastung führt, sondern dass jeder einzelne Mensch mit seinen lebensgeschichtlich entwickelten Bewältigungsmöglichkeiten Anforderungen unterschiedlich empfindet und entsprechend reagiert.

Belastungen entwickeln sich aus dem individuellen Kontext

Aus der Interaktion zwischen Individuum und Umwelt entstehen Belastungen, gesundheitliche Einschränkungen oder Erkrankungen. Es werden abschließend gesundheitsförderliche Maßnahmen in Kindertageseinrichtungen – auch unter der Schutzfaktoren- und Resilienzperspektive – vorgestellt.

Körperliche und seelische Gesundheit

Gesundheit lässt sich relativ schwer für alle Menschen gleichartig bestimmen, es existiert eine Vielfalt von Definitionen. Eine breit gefasste, aber doch Orientierung vermittelnde Definition bietet Hurrelmann an: „Gesundheit ist ein Stadium des Gleichgewichts von Risikofaktoren und Schutzfaktoren, das eintritt, wenn einem Menschen die Bewältigung sowohl der inneren (körperlichen und psychischen) als auch der äußeren (sozialen und materiellen) Anforderungen gelingt. Gesundheit ist ein Stadium, das einem Menschen Wohlbefinden und Lebensfreude vermittelt" (Hurrelmann 2000, zit. von Franke 2006, S. 30).

Demgegenüber gibt es Belastungen, die per se als Risikofaktoren wirken oder das oben erwähnte Gleichgewicht beeinträchtigen können. In einer Studie des Sächsischen Sozialministeriums wird die Norm EN-ISO 10075 zitiert, die Belastungen und Beanspruchung folgendermaßen definiert: „Unter *psychischer Belastung* wird die Gesamtheit aller erfassbaren Einflüsse, die von außen auf den Menschen zukommen und psychisch auf ihn einwirken, verstanden. Von *psychischer Beanspruchung* wird als die unmittelbare (nicht langfristige) Auswirkung der psychischen Belastungen im Individuum in Abhängigkeit von seinen jeweiligen überdauernden und augenblicklichen Voraussetzungen, einschließlich der individuellen Bewältigungsstrategien gesprochen" (Sächsisches Staatsministerium für Soziales 2008, S. 76). Schon hier wird deutlich, dass es schwer ist, Belastungen absolut zu definieren. Das Zusammenspiel wird später beschrieben.

> Psychische Belastung resultiert aus äußeren Einflüssen, ind viduellen Faktoren und (mangelnden) individuellen Bewältigungsstrategien

Daten zu Belastungen und zur Zufriedenheit von pädagogischen Fachkräften in Kindertageseinrichtungen
In den letzten Jahren sind zahlreiche Studien durchgeführt worden, die die psychische und körperliche Belastung von pädagogischen Fachkräften in Kindertageseinrichtungen erfasst und zugleich die Zufriedenheit im Beruf untersucht haben.

(1) Daten zu Belastungen und zur Zufriedenheit im Allgemeinen
- **Zeitliche Faktoren und Arbeitsbelastung.** In einer Studie von Rudow (2004) gaben 50% aller befragten Erzieherinnen an, sie fühlten sich „durch Zeitdruck bzw. gleichzeitige Erfüllung mehrerer Aufgaben überfordert" (aus: Khan o.J., S. 3); entsprechende Daten finden sich in der Studie der GEW (2007). Eine Studie von Berger et al. (2000) ermittelte hingegen, dass nur 20% der Erzieherinnen angaben, sie seien besonders stark überfordert. 25% gaben an, sie ständen stark unter Zeitdruck.
- **Personalmangel und Gruppengröße.** Als nahezu ebenso belastend wie der Zeitdruck und die Überforderung wird der Personalmangel insbesondere in Krankheitszeiten empfunden. Der

Personalmangel zeigt sich auch daran, dass die Gruppengrößen gekoppelt mit den pädagogischen Anforderungen und dem zur Bewältigung dieser Anforderungen zur Verfügung stehenden Personal in einem Missverhältnis stehen. Die Gruppengrößen werden in vielen Studien als zu hoch empfunden (Rudow 2004, GEW 2007).
- **Arbeitszeitregelung.** In einer weiteren Studie (Buch & Freiling 2001) werden die Arbeitszeitregelungen als ungünstig von den Erzieherinnen erlebt. Insbesondere können die Pausenzeiten oft nicht eingehalten werden (s.a. Böhmer & Näpel 2009). Dies steht noch einmal in einem Zusammenhang damit, dass knapp ein Drittel (Böhmer & Näpel 2009) bis zur Hälfte der Erzieherinnen (Buch & Freiling 2001) angab, dass in ihren Einrichtungen Räume zum Rückzug fehlen.

    Zeitdruck, Personalmangel, die Größe der Gruppen und zu wenig Pausen führen zu erhöhter Arbeitsbelastung

- **Anforderung an und durch die Tätigkeiten.** Die Anforderungen an und durch die Tätigkeiten sowie ihre Vielfalt werden in der Regel von den Fachkräften positiv angenommen. Khan (o.J., 2008) gibt an, dass nur ein sehr kleiner Teil, nämlich 5,4% der Fachkräfte, sich durch die direkten Anforderung in der pädagogischen Arbeit belastet fühlt. Die Erzieherinnen berichten von einer breiten Anforderungsvielfalt, das eigene Wissen kann eingesetzt werden, die Tätigkeit wird als sehr abwechslungsreich und recht positiv erlebt (Rudow 2004, GEW 2007, Böhmer & Näpel 2009).
- **Handlungsspielraum.** Ebenso positiv wird der hohe Handlungsspielraum und ein in der Regel hohes Maß selbstbestimmter Arbeitsplanung von 60–80% der Erzieherinnen eingeschätzt (Khan 2008).
- **Tätigkeit mit Kindern.** Die Tätigkeit mit den Kindern ist in der Regel die Hauptmotivation für die Berufsausübung. „Als unangenehm werden jedoch Verhaltensstörungen der Kinder empfunden, die ¾ der Erzieherinnen feststellen, von denen sich 31% belastet fühlen (Rudow 2004)" (aus: Khan o.J., S. 7).

    Selbstständige Arbeitsweise, vielfältige Aufgaben und die Arbeit mit den Kindern führen zu einer erhöhten Arbeitszufriedenheit

- **Tätigkeit mit Eltern.** Die Arbeit mit Elten wird als anstrengender erlebt als die mit den Kindern. Ihre Ansprüche sind nach den Aussagen vieler Erzieherinnen gestiegen. Laut einer Studie von Khan zeigte ein Drittel das „Gefühl von Hilflosigkeit" (Khan o.J.), in der Studie von Böhmer & Näpel (2009) zeigten sich hingegen über 80% der Fachkräfte zufrieden mit der Zusammenarbeit mit den Eltern.

  > Elternarbeit ist ein ambivalenter Bestandteil der Arbeit. Er ist anstrengend, aber führt auch zur Arbeitszufriedenheit

- **Einkommen.** Das geringe Einkommen ist ein Faktor, der zumindest teilweise für hohe Unzufriedenheit sorgt (Kliche et al. 2008).

(2) Daten zu körperlichen Belastungen
Aus der Tätigkeit der Erzieherinnen ergeben sich eine Reihe von *körperlichen Belastungen*. Übereinstimmend zeigen die Studien, dass der Lärm hier ein sehr deutlicher Belastungsfaktor ist (Buch & Freiling 2001; in der GEW- Studie wird dies als stärkster Belastungsfaktor angegeben). Ebenso wirken das Tragen von Kindern, aber auch ungünstige Körperhaltung (Stuhlhöhe) sowie die stimmliche Belastung körperlich deutlich anstrengend.

Die Krankheitsdaten für Erzieherinnen weisen nach einer Studie der AOK einen unterdurchschnittlichen Wert (2,3 Krankheitstage pro Jahr) auf, vorrangig handelt es sich um Muskel- und Skeletterkrankungen sowie um Erkrankungen der Atemwege (zit. nach Khan 2008, ebenso: Böhmer & Näpel 2009). Kliche et al. (2008) fanden einen hohen Zusammenhang zwischen den Erkrankungen und der Arbeitszufriedenheit.

> Körperliche Belastungen sind hoch in Kindertageseinrichtungen. Je zufriedener aber jemand mit seiner Arbeit ist, desto weniger krank ist er

(3) Daten zum Stresserleben und zu Burnout-Symptomen
Die Datenlage zum *Stresserleben* und darüber hinaus zu *Burnout-Symptomen* ist uneinheitlich:
- Nach Khan (o.J.) berichtet ein Drittel der Erzieherinnen von „hoch ausgeprägten arbeitsbedingten Stress-Situationen" (ebd., o.J., S. 13).
- Böhmer & Näpel (2009) fanden heraus: „72,6 Prozent der Mitarbeiterinnen empfinden Stress während der Arbeit und 59,1 Prozent

stufen diesen als negativ für ihre Gesundheit ein. 94,5 Prozent der Fachkräfte sind außerdem der Ansicht, dass sich ihr Arbeitspensum in den letzten Jahren erhöht hat. Auffällig ist an dieser Stelle, dass 59,7 Prozent der Befragten davon ausgehen, sie hätten keinen eigenen Einfluss darauf, ob ihre Arbeit eher stressig oder entspannt abläuft" (ebd. S. 23).

Studien zur psychischen Belastung und zum Burnout ergeben verschiedene Aussagen

- In der Befragung von Kliche et al. (2008) berichteten nur 11,4% der Befragten von ausgeprägtem Stress-Erleben.
- Buch und Frieling (2001) fanden bei 33% der Erzieherinnen und bei 47% der Leiterinnen von Kindertageseinrichtungen ein Verhaltensmuster vom Risikotyp des Bunouts, das durch stärkere Resignationstendenz, durch eine defensive Problembewältigung sowie geringere innere Ruhe und Ausgeglichenheit gekennzeichnet ist.
- In einer Untersuchung von Rudow (2005) stellte sich allerdings heraus, dass lediglich 6–7% der Erzieherinnen ein ausgeprägtes Burnout-Syndrom zeigen.
- Die Studie von Scheuch und Seibt (2007) zeigte, dass „arbeitsbezogene Faktoren (Tätigkeitsspielraum und Arbeitsintensität, Verhältnis von Aufwand zu Anerkennung) eine stärkere Beziehung zu Burnout-Symptomen hatten als persönlichkeitsbezogene Faktoren (Erholungsunfähigkeit, Selbstkontrolle, Extraversion, Rigidität)" (ebd. S. 42).

(4) Daten zur Arbeitszufriedenheit
In allen Untersuchungen zeigte sich eine *hohe Arbeitszufriedenheit* bei den pädagogischen Fachkräften der Kindertageseinrichtungen.
- So konstatiert Rudow (2004) eine „globale Zufriedenheit mit dem Beruf", und auch die GEW-Studie kommt zusammenfassend zu dem Schluss: „die ErzieherInnen sind mit ihrer Tätigkeit zufrieden. Ihre Arbeit ist vielseitig und fordert sie mit ihren Fähigkeiten und Fertigkeiten […]" (S. 46). Besonders positiv wird das gute Betriebsklima gewertet, insbesondere die soziale Unterstützung durch die Kolleginnen sowie die Anerkennung durch Kolleginnen, Leitung und zum Teil auch durch die Eltern. Eine wichtige Rolle spielt das Führungsverhalten und die dadurch geprägte Team-

kultur der Kita-Leitung (GEW 2007, ebenso: Böhmer & Näpel 2009).
- Ebenso positiv wird die Autonomie eingeschätzt; auch die emotionalen Aspekte der Tätigkeit werden eher positiv gesehen. Kliche et al. (2008) fanden in ihrer repräsentativen Studie eine etwas geringere, aber in jedem Fall mittlere Arbeitszufriedenheit, es gab jedoch eine starke Streuung zwischen den einzelnen Kindertageseinrichtungen, die wiederum mit Rahmenbedingungen und Führungskultur zusammenhängt. Positiv wird die Möglichkeit eingeschätzt, Wissen und Fähigkeiten am Arbeitsplatz anzuwenden. Die Zufriedenheit ist geringer – und die Belastung wird als stärker erlebt –, wenn die Einrichtung in einem „sozialen Brennpunkt" liegt oder wenn Einrichtungen besonders groß sind. In der Studie von Kliche et al. (2008) wurde allerdings deutlich, dass Rahmenbedingungen, wie die zur Verfügung stehende Zeit pro Kind, Trägerstruktur oder Lage der Einrichtung, nur 10% der Unterschiede (Varianz) aufklären konnten, zu 90% spielen andere Faktoren – und hier eben besonders die Persönlichkeit und Bewältigungsfähigkeit der Erzieherinnen – eine Rolle.

> Insgesamt zeigen Studien eine hohe Arbeitszufriedenheit bei den pädagogischen Fachkräften. Eine Rolle hierfür spielen Teamatmosphäre, Lage der Einrichtung und Persönlichkeit der Erzieherin

Verarbeitung von Belastungen
Der Umgang mit Belastungen bzw. schwierigen Situationen überhaupt und den vorherrschenden Rahmenbedingungen gelingt nicht jeder Person gleich gut. Es handelt sich immer um eine Wechselwirkung zwischen Person und Umwelt, es geht um die *Bewältigung von Stress*. Stress wird in modernen Konzepten als Resultat einer Mensch-Umwelt-Interaktion verstanden, als ein Prozess, „der nur dann einsetzt, wenn eine Person mit Anforderungen konfrontiert ist, auf die der Organismus nicht spontan reagieren kann, die seine unmittelbar verfügbaren Ressourcen übersteigen" (Franke 2006, S. 94). Es geht also um die Fähigkeit des Individuums, mit Anforderungen umzugehen. Die Stresskonzepte gehen dabei davon aus, dass die Be-

> Bewältigung von Belastungen und Stress hängen damit zusammen, wie eine Person den Stress bewertet und welche individuellen und sozialen Ressourcen sie zur Verfügung hat

wertung der Anforderungen sowie die Aktivierung von Bewältigungsfähigkeiten und Ressourcen hier eine entscheidende Rolle spielen.

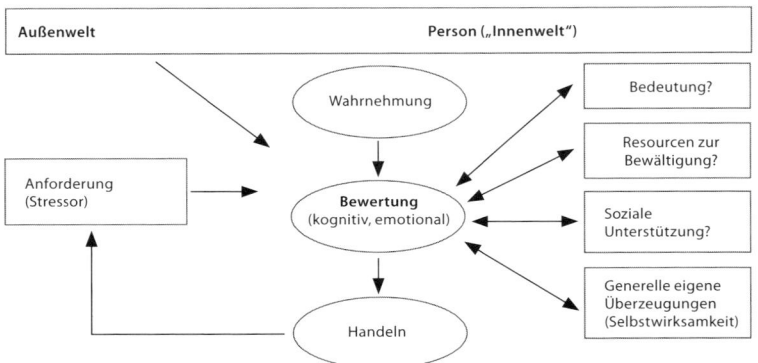

Abbildung 11: Bewertungsmodell von Stress

In Anlehnung an die EN-ISO 10075 haben die Autorinnen und Autoren des Erzieherinnengesundheitsberichts des Sächsischen Staatsministeriums für Soziales ein umfangreiches Modell zur Beziehung zwischen Belastung und Beanspruchung bei psychischer Arbeitsbelastung vorgelegt, in dem sehr verschiedene Faktoren aufgeführt sind (vgl. Abb. 12). Anforderungen können als Herausforderungen interpretiert werden, die zu einer Anpassungsfähigkeit im Sinne einer verbesserten Handlungsfähigkeit und letztlich zu einer psychischen Stabilität führen, sie können damit zur Weiterentwicklung beitragen. Negative Beanspruchungsfolgen resultieren aus einer unangemessenen Bewältigung von Anforderungen und führen zu akuten oder längerfristigen Beanspruchungsfolgen mit Ermüdung, Monotonie und anderen psychischen und körperlichen Beschwerden (Sächsisches Staatsministerium für Soziales 2008 S. 77). Eine besondere Gefahr besteht, wenn stresserzeugende Bedingungen passiv hingenommen werden.

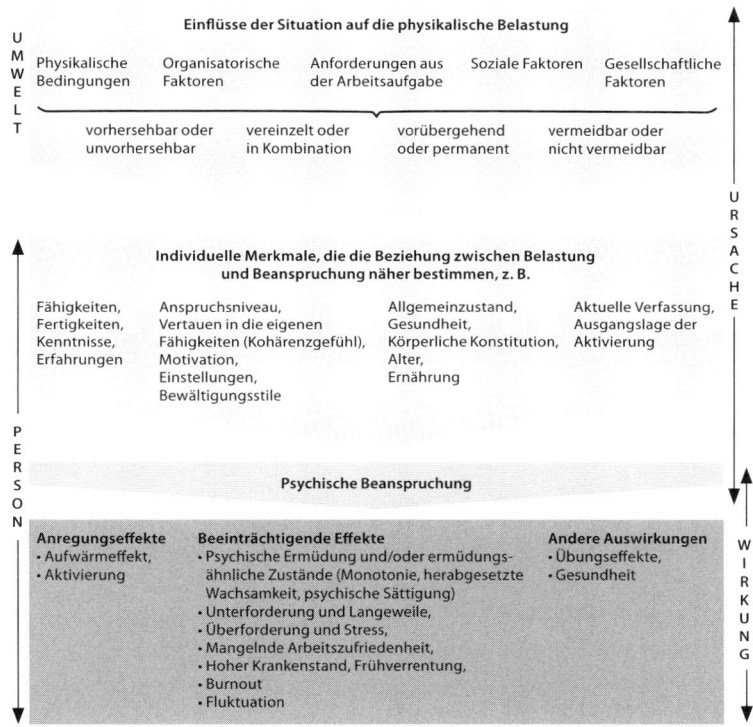

Abbildung 12: Beziehung zwischen Belastung und Beanspruchung bei psychischer Arbeitsbelastung (in Anlehnung an die EN ISO 10075 Teil 1)

Eine wichtige Ressource zum Erhalt der seelischen und körperlichen Gesundheit ist der „Kohärenzsinn" (Antonovsky 1987, dt: 1997), eine grundlegende Fähigkeit, Belastungen und Schwierigkeiten meistern zu können: „Kohärenzsinn ist eine Grundorientierung, die das Ausmaß eines umfassenden, dauerhaften und gleichzeitig dynamischen Vertrauens darin ausdrückt, dass
1. die Stimuli [Reize] aus der äußeren und inneren Umgebung im Laufe des Lebens strukturiert, vorhersehbar und erklärbar sind,

Unter Kohärenzsinn wird ein Wahrnehmungs- und Beurteilungsmuster verstanden. Es ist kein Gefühl im engeren Sinne, sondern eher eine Grundhaltung, sich dem Leben und seinen Herausforderungen gewachsen zu fühlen und darüber hinaus einen Sinn darin zu sehen, die Anforderungen zu bewältigen.

2. die Ressourcen verfügbar sind, um den durch die Stimuli gestellten Anforderungen gerecht zu werden, und
3. diese Anforderungen Herausforderungen sind, deren inneres und äußeres Engagement lohnen." (ebd. S. 127).

Antonovsky hat diese drei Komponenten Verstehbarkeit, Handhabbarkeit und Sinnhaftigkeit genannt (vgl. z.B. Franke 2006).

Gesundheitsförderung

Bei den Maßnahmen zur Gesundheitsförderung werden verhaltensbezogene und verhältnisbezogene Vorgehensweisen unterschieden (z.B. Faltermaier 2005). Verhaltensbezogene Maßnahmen richten sich stärker auf das Individuum, verhältnisbezogene Maßnahmen auf die Umweltbedingungen.

Verhaltensbezogene Maßnahmen

Verhaltensbezogene Möglichkeiten der Gesundheitsförderung in Kindertageseinrichtungen sind Schulungs- und Trainingsmaßnahmen, z.B. zu einer rückenschonenden Arbeitsweise oder zur Stressbewältigung (Sächsisches Staatsministerium für Soziales 2008; Böhmer & Näpel 2009). Eine wichtige Rolle spielen darüber hinaus Fortbildungsmaßnahmen, z.B. zum Führen von Elterngesprächen. In der Studie von Kliche et al. (2008) wünschen sich Erzieherinnen gezielte Fortbildungen zur psychosozialen sowie zur körperlichen Entwicklungs- und Gesundheitsförderung. Die bisherigen Fortbildungen in Kindertageseinrichtungen beziehen sich sehr oft auf die direkte Arbeit mit den Kindern – hier sollte zukünftig ein Augenmerk darauf gerichtet werden, dass auch die Gesundheit der Erzieherinnen im körperlichen wie seelischen Sinne stärker im Mittelpunkt steht.

Eine große Bedeutung haben die Einrichtungsleitungen: „Ein für die Verhaltensprävention wichtiger Aspekt ist das positiv eingeschätzte Klima zwischen den Kolleginnen und die gute Zusammenarbeit mit den Leiterinnen. Diese gute Zusammenarbeit und gerade die besondere Position der Kita-Leiterinnen können einen wichtigen

> Verhaltensbezogene Gesundheitsfördermaßnahmen sind insbesondere Fort- und Weiterbildungen. Diese sollten nicht nur die Arbeit mit Kindern und Eltern zum Thema haben, sondern auch die Gesundheit der pädagogischen Fachkräfte

Beitrag zur Verankerung des Gesundheitsmanagements leisten. Durch die Vorbildfunktion der Leiterinnen können Multiplikator-Effekte für verschiedene Bereiche des Gesundheitsmanagements genutzt werden. Voraussetzung dafür ist, dass die Leiterinnen in ihrer Führungskompetenz gefördert werden und ihnen ausreichende Ressourcen zur Verfügung stehen, um sich mit den Themen auseinanderzusetzen" (Böhmer & Näpel 2009, S. 32).

Verhältnisbezogene Maßnahmen
Auf der Ebene der *verhältnisbezogenen Maßnahmen* findet sich in der Literatur eine Reihe von Vorschlägen:
- **Verbesserung einrichtungsbezogener Merkmale**, z.b. lärmreduzierender Umbau, gesundheitsadäquate Möbel, Verkleinerung von Gruppenstärken.
- **Verbesserte Personalressourcen und fachliche Unterstützung.** Die Erzieherinnen selbst wünschen sich nach der GEW-Studie mehr Vorbereitungszeit (65,2%) und mehr Personal (65,1%). Auf der Ebene des Teams kann eine Fachberatung oder Supervision eine bedeutende Rolle spielen, auf die Bedeutung der Führungskultur wurde hingewiesen.

> Verhältnisbezogene Maßnahmen beziehen sich auf die Verbesserung von Rahmenbedingungen.

- **Anerkennungskultur.** Einen wichtigen Einfluss hat eine gegenseitige Kultur der Anerkennung (z.B. Böhmer & Näpel 2009). In der Studie von Fröhlich-Gildhoff et al. (2007a) zur Resilienzförderung in Kindertageseinrichtungen zeigte sich, dass eine ressourcenorientierte Haltung in der Arbeit mit den Kindern auch zu einer deutlich höheren Arbeitszufriedenheit im Team führt, weil damit auch ein ressourcen- und resilienzförderlicher Umgang mit den Fachkräften entsteht.
- **Vernetzung der Einrichtungen.** Der Aufbau von Netzwerken kann Entlastungsfunktion haben – indem bei dem Auftauchen von Handlungsgrenzen weiterführende Unterstützungsmöglichkeiten angebahnt werden können.
- **Systematische Personalentwicklung.** Die Arbeitszufriedenheit der Mitarbeiterinnen kann erhöht werden durch kontinuierliche Maßnahmen der Personalentwicklung. Dies umfasst regelmäßi-

ge Feedback- und Zielvereinbarungsgespräche, die Planung von Weiterbildungsmaßnahmen, das Organisieren sozialer Unterstützung in Überforderungssituationen etc. Ein besonderes Augenmerk sollte auf das Phänomen des *Präsentismus* gerichtet werden: Böhmer & Näpel (2009) fanden heraus, das Erzieherinnen oft an ihrem Arbeitsplatz anwesend („präsent") sind, wenn sie sich eigentlich krank fühlen. Sie wollen Kolleginnen und anvertraute Kinder „nicht im Stich lassen" – und gehen zugleich das Risiko stärkerer und chronifizierender Erkrankungen ein. Hier tragen die Führungskräfte eine besondere Fürsorge-Verantwortung.

Ressourcenorientierung in der Arbeit mit den Kindern, Eltern und im Team führt zu einer höheren Arbeitszufriedenheit

- **Systematisches Gesundheitsmanagement.** Insgesamt muss das Thema psychische und körperliche Gesundheit stärker zum Gegenstand gemacht werden – eine Möglichkeit hierfür sind regelmäßig tagende Gesundheitszirkel bzw. eine Reflexion der eigenen Arbeit auch unter der Gesundheitsperspektive.

Phasen und Arbeitsschritte der Gesundheitsförderung
In Anlehnung an Faltermaier (2005) können bei Projekten der Gesundheitsförderung in Einrichtungen verschiedene Phasen und Arbeitsschritte unterschieden werden:
- **(Grobe) Zielfindung und Konstituierung.** Hierzu muss eine Einigung aller Beteiligten „über die groben Ziele und den Umfang der Gesundheitsförderung" erfolgen (ebd. S. 311)
- **Analyse.** „Die konkreten Ziele einer Intervention können jedoch erst nach einer genauen Analyse der gesundheitlichen Situation im Betrieb bestimmt werden" (ebd.) Fragen sind dabei:
  - „Welche gesundheitlichen Probleme herrschen bei den Mitarbeitern [...] vor?
  - Was sind die möglichen Ursachen der Gesundheitsprobleme [...]?
  - Welche gesundheitlichen Risiken und Belastungen sind in den Arbeitsbedingungen zu erkennen? [...]
  - Welche gesundheitlichen Ressourcen sind am Arbeitsplatz und bei den Mitarbeitern vorhanden? [...]

Die Gesundheit der Fachkräfte muss mehr in den Fokus rücken und regelmäßig thematisiert werden

- Welche Risikoverhaltensweisen zeigen die Mitarbeiter? […]
- Welches Gesundheitsverhalten (z.B. Ernährung, Entspannung) ist zu erkennen? […]" (ebd. S. 311 f.)
- **(Verfeinerte) Ziele und Interventionen.** Aus der Analyse können konkrete Ziele entwickelt werden, die in Interventionen münden. Das Umsetzen der konkreten Maßnahmen muss durch kontinuierliche Reflexion begleitet werden.
- **Evaluation.** „Zur Qualitätssicherung der betrieblichen Gesundheitsförderung ist dringend die Wirksamkeit und Effizienz der Intervention nach einer angemessenen Zeit zu überprüfen. Als Kriterien für den Erfolg können verschiedene Indikatoren herangezogen werden, wie z.B. die Rate der Fehlzeiten, Fluktuation des Personals, die Arbeitszufriedenheit und das Wohlbefinden der Mitarbeiter" (ebd. S. 313).

IN DIESEM KAPITEL ERFAHREN SIE ...

- eine Zusammenfassung der wichtigsten Ergebnisse des vorliegenden Buches
- welche Schritte zur Etablierung eines resilienzförderlichen Programms notwendig sind

5. Zusammenfassende Schlussfolgerung

In diesem letzten Kapitel werden die Erkenntnisse und Inhalte in diesem Buch noch einmal pointiert zusammengefasst.

Die Resilienz, die seelische Widerstandsfähigkeit gegenüber Krisen und Belastungen, entwickelt sich bei Kindern schon in den ersten Lebensjahren. Abhängig von konkreten Erfahrungen wird die Resilienz bei der Bewältigung von Anforderungen gestärkt oder bei negativen Erfahrungen auch geschwächt; im positiven Fall entwickeln Kinder ein zunehmendes Selbstbild eigener Stärke.

> Resilienz wird von positiven und negativen Erfahrungen beeinflusst

Die verschiedenen Untersuchungen der Resilienzforschung zeigen, dass der wichtigste Schutz- und damit Resilienzfaktor für ein Kind eine sichere, haltgebende Beziehung zu einer Bezugsperson ist. Dies sind im optimalen Fall die Eltern; fehlende Zuwendung und Unterstützung kann aber auch durch Personen aus dem sozialen Nahraum – z.B. Großeltern oder Geschwister sowie pädagogische Fachkräfte – kompensiert werden. Daneben konnten sechs bedeutende Faktoren extrahiert werden, die wesentlich die Fähigkeit der Resilienz ausmachen:

> Eine kontinuierliche, nahe Bezugsperson ist der wichtigste Schutzfaktor

- Das Erleben von Selbstwirksamkeit.
- Die Fähigkeit zur Selbststeuerung von Gefühlen und Erregungen.
- Soziale Kompetenzen, also die Fähigkeit zum Lösen von Konflikten, sich Unterstützung zu holen, die eigenen Interessen adäquat durchzusetzen.
- Eine angemessene Selbst- und Fremdwahrnehmung.
- Die Fähigkeit zum systematischen Angehen und Lösen von Problemen.
- Die Fähigkeit zur Stressbewältigung.

Diese sechs Faktoren wirken als Schutzfaktoren, lassen sich erlernen und durch die Umsetzung von konkreten pädagogischen Schritten auch gezielt fördern. Die systematische Förderung der sechs Resilienzfaktoren in Kindertageseinrichtungen sollte – nach den Erkenntnissen der Resilienzforschung – sich nicht lediglich auf die Umsetzung von einzelnen Kursen begrenzen. Präventionsprogramme sind am wirkungsvollsten, wenn sie auf mehreren Ebenen ansetzen und das gesamte „Setting" der Kindertageseinrichtung einbeziehen. Das bedeutet, dass die pädagogischen Fachkräfte qualifiziert werden müssen, um in systematischer Weise mit Kindern und Eltern (zusammen-)zuarbeiten und zusätzliche unterstützende Netzwerke aufzubauen.

Die Förderung von Resilienz umfasst alle Ebenen um das Kind und sollte nicht auf einzelne Kurse begrenzt werden

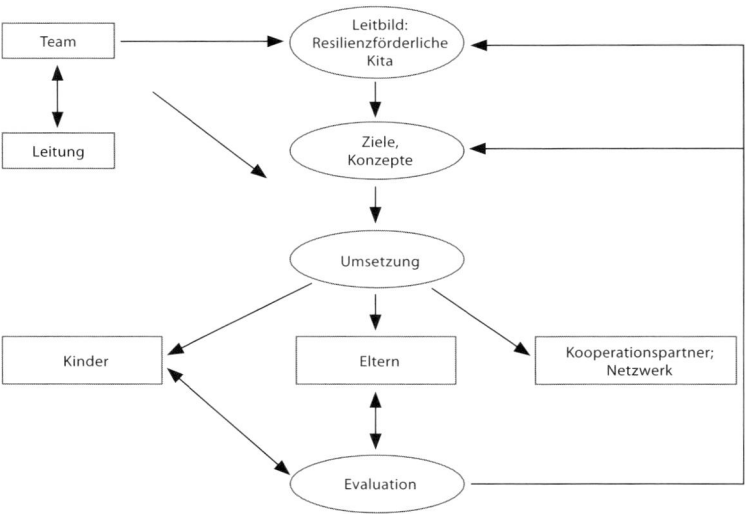

Abbildung 13: Handlungskette zur Etablierung eines resilienzförderlichen Programms

Zur Etablierung eines resilienzförderlichen Programms lässt sich eine Handlungskette schreiben, die in Abbildung 13 dargestellt wird. Ausgangspunkt ist dabei das Team einer Tageseinrichtung, das im engen

ZUSAMMENFASSENDE SCHLUSSFOLGERUNG

Zusammenspiel und mit Unterstützung der Einrichtungsleitung für sich ein Leitbild bzw. eine Vision entwickeln muss. Dabei soll auf vorhandene Stärken zurückgegriffen werden und davon ausgehend beschrieben werden, wie sich die Einrichtung zu einer resilienzförderlichen Kindertageseinrichtung weiterentwickeln kann.

> Die Stärken und Ressourcen der Einrichtung sind die Basis für ganzheitliche Resilienzförderung

Die einzelnen Umsetzungsschritte sollten kontinuierlich evaluiert, das heißt hinsichtlich ihrer (Aus-)Wirkungen überprüft werden. Diese Überprüfung/Reflexion dient dazu, das Konzept, gegebenenfalls aber auch das dahinterstehende Leitbild weiterzuentwickeln und immer wieder in der Umsetzung auf die Kinder und Eltern anzupassen.

Resilienzförderung ist immer auch ein Prozess der Teamentwicklung. Ein stärken- bzw. ressourcenorientierter Umgang mit Eltern und Kindern führt in der Regel dazu, dass auch die Teammitglieder miteinander ressourcenorientierter umgehen und sich damit gegenseitig stärken. Dies kann zu einer höheren Arbeitszufriedenheit führen. Zugleich muss allerdings darauf geachtet werden, dass auch die Gesundheit der Fachkräfte in dem Entwicklungsprozess Berücksichtigung findet.

> Ressourcenorientierung als Maxime betrifft nicht nur die Arbeit mit den Eltern und Kindern, sondern auch die Zusammenarbeit im Team

Hier ist eine fehlerfreundliche Teamkultur, das Thematisieren von Belastungen einerseits, den eigenen Erfolgen andererseits, ein wichtiger stärkender Faktor.

Insgesamt bringt die systematische Umsetzung der Resilienzförderung zunächst mehr Belastung für die Fachkräfte mit sich. Sie müssen sich fortbilden, sie müssen sich zum Teil auch infrage stellen, sie müssen auf organisatorischer Ebene Wege finden, um das gefundene Konzept zu realisieren. Andererseits – dies zeigen die Erfahrungen der Kindertageseinrichtungen, bis sie diesen Weg gegangen sind – trägt Resilienzförderung zu einer Stärkung der Fachlichkeit bei. Nicht zuletzt – und dies haben mehrere Untersuchungen bestätigt – wirkt Resilienzförderung nicht nur mit einer Stärkung des Selbstwertes und der Bewältigungsfähigkeit der Kinder, sondern erzeugt auch Entwicklungsfortschritte auf kognitiver Ebene. Die Förderung der Resilienz kann somit einen Beitrag zur Förderung von Chancengleichheit leisten.

Literaturverzeichnis

Alvord, M.K. & Grados, J.J. (2005). Enhancing resilience in children: a proactive approach. Professional Psychology: Research and Practice, 36 (3), 238–245

Antonovsky, A. (1987). Unreaveling the mystery of health. San Francisco: Jossey-Bass Publishers. Deutsch: Franke, A. (Hrsg.) (1997). Salutogenese. Zur Entmystifizierung der Gesundheit. Tübingen: DGVT- Verlag

Arbeitsgruppe Kinder-, Jugendlichen- und Familiendiagnostik (Hrsg.) (1998). CBCL/4–18 Elternfragebogen über das Verhalten von Kindern und Jugendlichen. 2. Auflage. Göttingen: Hogrefe

Baker, J.A. (2006). Contributions of teacher-child relationships to positive school adjustment during elementary school. In: Journal of School Psychology, 44 (3), S. 211–229

Ball, J. & Peters, S. (2007). Stressbezogene Risiko- und Schutzfaktoren. In: Seiffge-Krenke, I. & Lohaus, A. (Hrsg.). Stress und Stressbewältigung im Kindes- und Jugendalter. Göttingen: Hogrefe, S. 126–143

Balz, H.-J. & Spieß, E. (2009). Kooperation in sozialen Organisationen. Grundlagen und Instrumente der Teamarbeit. Stuttgart: Kohlhammer

Baumgartner, I. (2000). OE-Prozesse. Die Prinzipien systemischer Organisationsentwicklung. Ein Handbuch für Beratende, Gestaltende, Betroffene, Neugierige und OE-Entdeckende. Bern: Huber

Beelmann, A. (2006). Wirksamkeit von Präventionsmaßnahmen bei Kindern und Jugendlichen. Ergebnisse und Implikationen der integrativen Erfolgsforschung. In: Zeitschrift für Klinische Psychologie und Psychotherapie, 35 (2), S. 151–162

Bengel, J., Meinders-Lücking, F. & Rottmann, N. (2009): Schutzfaktoren bei Kindern und Jugendlichen. Stand der Forschung zu psychosozialen Schutzfaktoren für Gesundheit. Forschung und Praxis der Gesundheitsförderung 35. Köln: BZgA

Berger, J., Niemann, D. & Nolting, H.-D.(2000). Stressstudie über den Zusammenhang von Arbeitsbedingungen und Stressbelastung in ausgewählten Berufen. Hamburg: BGW; DAK

Böhmer, N. & Näpel, A. (2009). Gesundes Arbeiten in Kindertagesstätten – Status Quo und Ansatzpunkte für das Gesundheitsmanagement. In: Fröhlich-Gildhoff, K. & Nentwig-Gesemann, I. (Hrsg.) Forschung in der Frühpädagogik II (S. 13–36). Freiburg: FEL-Verlag

Bongard, B. & Schwarzkopf, F. (2000). Viele Ideen – ein Profil. Methoden der Leitbildentwicklung und Zielbestimmung für engagierte Teams. München: Don Bosco

Booth, T., Ainscow, M. & Kingston, D. (2006). Index für Inklusion (Tageseinrichtungen für Kinder). Lernen, Partizipation und Spiel in der inklusiven Kindertageseinrichtung entwickeln. Gewerkschaft Erziehung und Wissenschaft (GEW). Frankfurt: Eigendruck

Buch, M. & Frieling, E. (2001). Belastungs- und Beanspruchungsoptimierung in Kindertagesstätten. Kassel: Institut für Arbeitswissenschaften

Bundesarbeitsgemeinschaft der Landesjugendämter (2006). Beschluss der 101. Arbeitstagung der Bundesarbeitsgemeinschaft der Landesjugendämter vom 08.–10.11.2006 in Kiel. (5., neu bearbeitete Auflage 2006) http://209.85.129.132/search?q=cache:ru1Nl7e2AB4J:www.blja.bayern.de/themen/adoption/vermittlung/praxis/TextOffice_BAGLJAE.html+%E2%80%A2+Bundesarbeitsgemeinschaft+der+Landesjugend%C3%A4mter+(2006)&cd=4&hl=de&ct=clnk&gl=de [Zugriff 28.10. 2009]

Bühler, A. & Heppekausen, K. (2005). Gesundheitsförderung durch Lebenskompetenzprogramme in Deutschland. Grundlagen und kommentierte Übersicht. Köln: BZgA

Christle, C.A., Jolivette, K. & Nelson, C.M. (2005). Breaking the school to prison pipeline : Identifying school risk and protective factors for youth delinquency. In: Exceptionality, 13 (2), S. 69–88

Döpfner, M., Berner, W., Fleischmann, T., Schmidt, M. (1993). Verhaltensbeurteilungsbogen für Vorschulkinder (VBV 3–6). Weinheim: Beltz

DuBois, D.L. & Silverthorn, N. (2005). Natural mentoring relationships and adolescent health: Evidence from a national study. In: American Journal of Public Health, 95 (3), S. 518–524

Duhm, E. & Huss, K. (1979). Fragebogen zur Erfassung praktischer und sozialer Selbständigkeit 4- bis 6jähriger Kinder. Göttingen: Hogrefe

Duncan, G.J. & Brooks-Gunn, J. (1997). Consequences of growing up poor. New York: Russell Sage Press.

Dusolt, H. (2008). Elternarbeit als Erziehungspartnerschaft. Ein Leitfaden für den Vor- und Grundschulbereich. Weinheim und Basel: Beltz, S. 99 ff.

Erhart, M., Hölling., H., Schlack, R. & Ravens-Sieberer, U. (2006). Verhaltensprobleme und -stärken. In: Bundesgesundheitsblatt – Gesundheitsforschorschung – Gesundheitsschutz 2006, 49, S. 1225–1232 URL: http://www.kiggs.de/experten/downloads/dokumente/KiGGS_Bundesgesblatt_Abstracts_Ergebnisbroschuere.pdf [Zugriff:07.05.2007]

Essau, C. & Conradt, J. (2004). Aggression bei Kindern und Jugendlichen. Basel: Reinhardt

Faltermaier, T. (2005). Gesundheitspsychologie. Stuttgart: Kohlhammer.

Fisch, R. & Beck, D. (2006). Organisationsgestaltung und Veränderungsmanagement. Die Organisationskultur als kritischer Erfolgsfaktor. Speyer: Deutsches Forschungsinstitut für öffentliche Verwaltung

Fooken, I. (2005). FAST (Families and Schools Together) – Ein Programm zur Stärkung von Kindern an der Schnittstelle zwischen Jugendhilfe, Schule und Familie. In: Bohn, I. (Hrsg.). Dokumentation der Fachtagung „Resilienz – Was Kinder aus armen Familien stark macht" am 13. September 2005 in Frankfurt am Main. Frankfurt: ISS, S. 47–60

Franke, A. (2006). Modelle von Gesundheit und Krankheit. Bern: Huber

Frey, A., Duhm, E. & Althaus, D. (2008). Beobachtungsbogen für 3–6jährige Kinder. Göttingen: Hogrefe

Fried, L. & Roux, S. (Hrsg.) (2006). Pädagogik der frühen Kindheit. Weinheim: Beltz.

Fröhlich-Gildhoff, K. (2004). Von der Freakfirma zum Wirtschaftsbetrieb – Steuerungsprobleme eines wachsenden Sozialunternehmens. In: Verhaltenstherapie & Psychosoziale Praxis, 36. Jg., (3), S. 567–82

Fröhlich-Gildhoff, K. (2008). Wirkt was? – Was wirkt? Gegenstandsangemessene Wirkungsforschung in der Frühpädagogik. In:

v. Balluseck, H. (Hrsg.). Professionalisierung in der Frühpädagogik: Perspektiven, Entwicklungen und Herausforderungen. Opladen & Farmington Hills:Verlag Barbara Budrich, S. 279–290

Fröhlich-Gildhoff, K. & Glaubitz, D. (2006): Systematische Selbstreflexion als Alternative zum ‚Kindergarten-TÜV'. In: Frühe Kindheit, 4, S. 26–27

Fröhlich-Gildhoff, K., Kraus-Gruner, G. & Rönnau, M. (2006). Gemeinsam auf dem Weg. Eltern und ErzieherInnen gestalten Erziehungspartnerschaft. In: Kindergarten heute, (10), S. 6–15

Fröhlich-Gildhoff, K., Rönnau, M., Dörner, T., Kraus-Gruner, G. & Engel, E.-M. (2007a). Kinder Stärken! – Resilienzförderung in der Kindertageseinrichtung. Unveröffentlichter Abschlussbericht des Zentrums für Kinder- und Jugendforschung an der Evangelischen Fachhochschule Freiburg.

Fröhlich-Gildhoff, K., Dörner, T. & Rönnau, M. (2007b). Prävention und Resilienzförderung in Kindertageseinrichtungen – PRiK. Trainingsmanual für ErzieherInnen. München: Reinhardt

Fröhlich-Gildhoff, K., Rönnau, M., Dörner, T. (2008). Eltern stärken mit Kursen in Kitas. München: Reinhardt

Fröhlich-Gildhoff, K. & Rönnau-Böse, M. (2009). Resilienz. München: Reinhardt UTB

Gabriel, T. (2005). Resilienz – Kritik und Perspektiven. In: Zeitschrift für Pädagogik, Jg. 51, S. 207–217

Gerth, A. (2007). Auf dem Weg zur Erziehungspartnerschaft. Lern- und Arbeitsbuch für Kindergartenteams. Weimar und Berlin: Verlag das Netz

GEW (Hrsg.) (2007). Wie geht's im Job? Kita-Studie der GEW. http://www.gew.de/Binaries/Binary35437/GEW-Kitastudie.pdf. [Zugriff 29.10.2009]

Gogolin, I. & Krüger-Potratz, M. (2006). Einführung in die Interkulturelle Pädagogik. Opladen: UTB

Graf, P. & Spengler, M. (2004). Leitbild und Konzept entwickeln. 4. Aufl. Augsburg: Kessler-Verlags-Druckerei

Graf-Götz, F. & Glatz, H. (2001). Organisation und Gestalten. Neue Wege und Konzepte für Organisationsentwicklung und Selbstmanagement. Weinheim: Beltz

LITERATURVERZEICHNIS

Griebel, W., Niesel, R. & Wörz, T. (2004). Transitionen: Fähigkeit von Kindern in Tageseinrichtungen fördern, Veränderungen erfolgreich zu bewältigen. Weinheim, Basel: Beltz

Hees, S., Weltzien, D., Roth, X. & Richartz, K.-M. (2005). Qualitätsziel und Leitbilder. Remagen: ibus-Verlag

Heinrichs, N., Saßmann, H., Hahlweg, K., Perrez, M. (2002). Prävention kindlicher Verhaltensstörungen. In: Psychologische Rundschau 53 (4), S. 170–183

Hillenbrand, C., Hennemann, T. & Heckler-Schell, A. (2009). „Lubo aus dem All" – Vorschulalter. Programm zur Förderung sozial-emotionaler Kompetenzen. München: Reinhardt Verlag

Holtmann, M. & Schmidt, M. (2004). Resilienz im Kindes- und Jugendalter. In: Kindheit und Entwicklung, 13 (14), S. 195–200

Hurrelmann, K. (2000). Gesundheitssoziologie. Eine Einführung in sozialwissenschaftliche Theorien von Krankheitsprävention und Gesundheitsförderung. Weinheim: Juventa

Kain, W. (2006). Die positive Kraft der Bilderbücher. Bilderbücher in Kindertageseinrichtungen positiv einsetzen. Mannheim: Cornelsen Verlag Scriptor

Kaluza, G. & Lohaus, A. (2006): Psychologische Gesundheitsförderung im Kindes- und Jugendalter. Eine Sammlung empirisch evaluierter Interventionsprogramme. Zeitschrift für Gesundheitspsychologie 14 (3), S. 119–134

Kasüschke, D. & Fröhlich-Gildhoff, K. (2008). Frühpädagogik heute. Herausforderungen an Disziplin und Profession. Köln, Kronach: Wolters Kluwer

Kastner-Koller, U. & Deimann, P. (2002). Wiener Entwicklungstest. Göttingen: Hogrefe

Khan, A. (2008). Gesundheitszirkel in der Kindertagesstätte – Manual für die Moderation. Saarbrücken: VdM

Khan, A. (o.J.). Berufliche Belastungsfaktoren in Kitas – Aktueller Erkenntnisstand zur Gesundheit der Erzieherinnen. Dresden: Medizinische Fakultät der TU Dresden. Im Internet verfügbar unter: http://www.rpi-loccum.de/download/khan.pdf [Zugriff: 25.10.2009]

Kirstein, N. (2008). Partizipation im Kindergarten – Kinderparlament und Kinderrat. In: Fröhlich-Gildhoff, K., Nentwig-Gesemann, I. &

Haderlein, R. (Hrsg). Forschung in der Frühpädagogik. Freiburg: FEL, S. 65–90

Kliche, T., Gesell, S., Nyenhuis, N., Töppich, J. & Koch, U. (2007). Prävention und Gesundheitsförderung in Kitas: Stand und Handlungsansätze. In: HAG (Hrsg). Auf dem Weg zu einer gesundheitsfördernden Kita. Hamburg: Hamburgerische Arbeitsgemeinschaft für Gesundheitsförderung, S. 10–15

Kliche, T., Gesell, S., Nyenhuis, N., Bodansky, A., Deu, A., Linde, K., Neuhaus, M., Post, M., Weitkamp, K., Töppich, J. & Koch, U. (2008). Prävention und Gesundheitsförderung in Kindertagesstätten. Eine Studie zu Determinanten, Verbreitung und Methoden für Kinder und Mitarbeiterinnen. Weinheim: Juventa

Koj, S. (2008). Kindliche Kraft und Kinderliteratur. Kriterien zur Beurteilung von Bilderbüchern unter dem Aspekt „Förderung von Resilienz". URL: www.deutschdidaktik-primar.uni-bremen.de/Resilienz.pdf [Zugriff: 22.10.2009]

Krahè, B. (2001). The social psychology of aggression. Philadelphia: Psychology Press Ltd.

Kurth B.-M. & Schaffrath-Rosario A. (2007) Die Verbreitung von Übergewicht und Adipositas bei Kindern und Jugendlichen in Deutschland. Ergebnisse des bundesweiten Kinder- und Jugendgesundheitssurveys (KiGGS). In: Bundesgesundheitsblatt 50, 5/6, S. 736–743

Langlotz, C., Bingel, B. & Paulzen, V. (2008). Kinder im Alltag mit Ritualen unterstützen und begleiten. Münster: Ökotopia Verlag

Laucht, M. (1999). Risiko- vs. Schutzfaktor. Kritische Anmerkungen zu einer problematischen Dichotomie. In: Opp, G., Fingerle, M. & Freytag, A. (Hrsg.): Was Kinder stärkt. Erziehung zwischen Risiko und Resilienz. München: Reinhardt, S. 303–314

Leu, H.R., Flämig, K., Frankenstein, Y., Koch, S., Pack, I., Schneider, K. & Schweiger, M. (2007). Bildungs- und Lerngeschichten. Bildungsprozesse in früher Kindheit beobachten, dokumentieren und unterstützen. Weimar und Berlin: Verlag das Netz

Li-Grining, C.P., Votruba-Drzal. E., Bachmann, H.J. & Chase-Landsdale, P.L. (2006): Are certain preschoolers at risk in the area of welfare reform? The moderating role of children's temperament. Children and Youth Services Review, 28 (9), S. 1102–1123

Lösel, F., Beelmann, A., Stemmler, M. & Jaursch, S. (2006). Prävention von Problemen des Sozialverhaltens im Vorschulalter: Evaluation des Eltern- und Kindertrainings EFFEKT. In: Zeitschrift für Klinische Psychologie und Psychotherapie, 35, S. 117–126

Lösel, F. & Bender, D. (2007). Von generellen Schutzfaktoren zu spezifischen protektiven Prozessen: Konzeptuelle Grundlagen und Ergebnisse der Resilienzforschung. In: Opp, G. & Fingerle, M. (Hrsg.). Was Kinder stärkt: Erziehung zwischen Risiko und Resilienz. 2.Aufl. München: Reinhardt, S. 57–78

Macauly, A.P., Griffin, K.W., Gronewold, E., Williams, C. & Botvin, G.C. (2005). Parenting practices and adolescent drug-related knowledge, attitudes, norms and behaviour. In: Journal of Alcohol and Drug Education, 49 (2), S. 67–83

Manske, C. & Löffel, H. (1996). Ein Dino zeigt Gefühle. Fühlen. Empfinden. Wahrnehmen. Ein Bilderbuch ab 4 Jahre. Köln: Mebes und Noack

Masten, A.S. & Reed, M. G. (2002). Resilience in development. In: Snyder, C. R. & Lopez, S. J. (Hrsg.): Handbook of positive psychology. Oxford: University Press, S. 74–88

Mayer, H., Heim, P., Barquero, B., Scheithauer, H. & Koglin, U. (2004). Papillo. Programm Ordner 1. Augsburg: beta institut Verlag

Mayr, T. & Ulich, M. (2006). PERiK – Positive Entwicklung und Resilienz im Kindergartenalltag. Freiburg: Herder

Merchel, J. (2005). Organisationsgestaltung in der Sozialen Arbeit. Grundlagen und Konzepte zur Reflexion, Gestaltung und Veränderung von Organisationen. Weinheim: Juventa

Müller, E. & Meister, A. (2007). **Träumen auf der Mondschaukel:** Autogenes Training mit Märchen und Gute-Nacht-Geschichten . 17. Auflage. München: Kösel

Nestmann, F. (2009). Netzwerkintervention und Supportförderung – Ein Plädoyer für die Praxis. In: Röhrle, B. & Laireiter, A.-R. (Hrsg.). Soziale Unterstützung und Psychotherapie. Tübingen: DGVT – Verlag, S. 589–622

Noppe, I.C., Noppe L.D. & Bartell, D. (2006). Terrorism and resilience: Adolescents' and teachers' responses to September 11, 2001. In: Death Studies, 30 (1), S. 41–60

O'Dougherty Wright, M. & Masten, A.S. (2006). Resilience processes in development. Fostering positive adaption in the context of adversity. In: Goldstein, S. & Brooks, R.B. (Hrsg.). Handbook of resilience in children. New York: Springer, S. 17–37

Olweus (1979) Stability of aggressive reaction patterns in males: a review. Psychological Bulletin, 86, S. 852–875

Opp, G. & Fingerle, M.(Hrsg.) (2007). Was Kinder stärkt: Erziehung zwischen Risiko und Resilienz, 2.Auflage., München: Reinhardt

Opp, G. & Wenzel, E. (2003). Schule: Schutz- oder Risikofaktor kindlicher Entwicklung. In: Brisch, K.H. & Hellbrügge, T. (Hrsg.). Bindung und Trauma. Risiken und Schutzfaktoren für die Entwicklung von Kindern. Stuttgart: Klett-Cotta, S. 84–93

Petermann, F., Niebank, K. & Scheithauer, H. (2004). Entwicklungswissenschaft. Entwicklungspsychologie – Genetik – Neuropsychologie. Berlin: Springer

Petermann, F. & Schmidt, M.H. (2006). Ressourcen – ein Grundbegriff der Entwicklungspsychologie und Entwicklungspsychopathologie. In: Kindheit und Entwicklung, 15 (2), S. 118–127

Petermann, U. & Petermann, F. (2006). Training mit sozial unsicheren Kindern: Einzeltraining, Kindergruppen, Elternberatung. 9., vollst. überarb. Auflage. Weinheim: Beltz

Pianta, R.C., Stuhlmann, M.W. & Hamre, B.K. (2007). Der Einfluss von Erwachsenen-Kind-Beziehungen auf Resilienzprozesse im Vorschulalter und in der Grundschule. In: Opp, G. & Fingerle, M. (Hrsg.): Was Kinder stärkt. Erziehung zwischen Risiko und Resilienz. 2. Auflage. München: Reinhardt, S. 192–211

Prengel, A. (2006). Pädagogik der Vielfalt. Wiesbaden: VS-Verlag.

Ravens-Sieberer, U. & Bettge, S. (2004). Aktuelles zum Kinder- und Jugendgesundheitssurvey des RKI (KiGGS). Vorstellung des Moduls „Psychische Gesundheit". Epidemiologisches Bulletin 1, 7

Robert-Koch-Institut (2006). Gesundheitsbericht: Gesundheit in Deutschland. In: http://www.rki.de/cln_049/nn_204568/DE/Content/GBE/Gesundheitsberichterstattung/GesInDtld/gesundheitsbericht,templateId=raw,property=publicationFile.pdf/gesundheitsbericht.pdf [Zugriff: 21.04.2008]

Röhrle, B. & Sommer, G. (1998). Zur Effektivität netzwerkorientierter Intervention. In: Röhrle, B., Sommer, G. & Nestmann, F. (Hrsg.):

LITERATURVERZEICHNIS

Netzwerkintervention, Tübingen: DGVT- Verlag, S. 13–50
Röhrle, B. (2008): Die Forschungslage zur Prävention psychischer Störungen und zur Förderung psychischer Gesundheit. In: Verhaltenstherapie und Psychosoziale Praxis, 40 (2), S. 343–347
Rönnau, M. & Fröhlich-Gildhoff, K. (2008). Elternarbeit in der Gesundheitsförderung. Angebote und Zugangswege unter besonderer Berücksichtigung der Zielgruppe „schwer erreichbarer Eltern". Expertise und Handlungsempfehlung. Stuttgart: Landesgesundheitsamt
Rönnau, M., Kraus-Gruner, G. & Engel, E.-M. (2008). Resilienzförderung in der Kindertagesstätte. In: Fröhlich-Gildhoff, K., Nentwig-Gesemann, I. & Haderlein, R. (Hrsg.). Forschung in der Frühpädagogik. Freiburg: FEL, S. 117–147
Rönnau-Böse, M. (2010). Stärkung elterlicher Erziehungskompetenzen durch die Kita. In: Kliche, T. & Töppich, J. (Hrsg.). Handbuch der Prävention und Gesundheitsförderung in Kitas – Stand, Grundlagen und Praxisansätze.
Rudow, B. (2004). Belastungen und der Arbeits- und Gesundheitsschutz bei Erzieherinnen. Stuttgart: Gewerkschaft Erziehung und Wissenschaft (GEW)
Rudow, B. (2005). Belastungen und der Arbeits und Gesundheitsschutz bei Erzieherinnen in Sachsen-Anhalt. Merseburg, Wolfsburg: M4-Institut
Sächsisches Staatsministerium für Soziales (2008). Erzieherinnengesundheit. Handbuch für Kita-Träger und Kita-Leitungen. Dresden: Sächsisches Staatsministerium, Eigendruck. Im Internet verfügbar unter: www.publikationen.sachsen.de
Schaarschmidt, U. (2004). Halbtagsjobber? Weinheim, Basel: Beltz
Scheithauer & Petermann (1999). Zur Wirkungsweise von Risiko- und Schutzfaktoren in der Entwicklung von Kindern und Jugendlichen. In: Kindheit & Entwicklung, 8 (1), S. 3–14
Scheithauer, H., Petermann, F. & Niebank, K. (2000). Frühkindliche Entwicklung und Entwicklungsrisiken. In: F. Petermann, K. Niebank & H. Scheithauer (Hrsg.), Risiken in der frühkindlichen Entwicklung. Entwicklungspsychopathologie der ersten Lebensjahre. Göttingen: Hogrefe, S. 15–38
Scheithauer, H., Mayer, H., Barquero, B., Heim, P., Koglin, U., Meir-Brenner, S., Mehren, F., Niebank, K., Petermann, F. & Erhardt, H.

(2005). Entwicklungsorientierte Primärprävention von Verhaltensproblemen und Förderung sozial-emotionaler Kompetenz im Kindergarten. Papilio – Vorstellung der Programmkonzeption. In: Ittel, A. & von Salisch, M. (Hrsg.): Lästern, Lügen, Leiden lassen – Aggression in Kindheit und Jugend. Stuttgart: Kohlhammer

Scheuch, K. & Seibt, R. (2007). Arbeits- und Persönlichkeitsbedingte Beziehungen zu Burn-Out – eine kritische Betrachtung. In: Richter, P., Rau, R. & Möhlpfordt, S. (Hrsg.). Arbeit und Gesundheit. Zum aktuellen Stand in einem Forschungs- und Praxisfeld. Lengerich: Papst, S. 42–54

Schweinhart, L.J. & Weikart, D.P. (1997). The High/Scope preschool curriculum comparison study through age 23. In: Early Childhood Research Quarterly, 12, S. 117–143

Sell, S. (2007). Grundlagen der Organisationsentwicklung in Bildungs- und Betreuungseinrichtungen. Remagen: ibus-Verlag

Senge, P. (2006). Die fünfte Disziplin. Stuttgart: Klett-Cotta

Sodtke, D. & Armbruster, M. (2007). ELTERN-AG – Die niedrigschwellige Elternschule für die frühe Kindheit. In: Praxis der Kinderpsychologie und Kinderpsychiatrie, 56, S. 707–720

Smith, J.R., Brooks-Gunn, J. & Klebanov, P.K. (1997). Consequences of living in poverty for young children's cognitive and verbal ability and early school achievement. In: G.J. Duncan & J. Brooks-Gunn (Hrsg.). Consequences of growing up poor. New York: Russell Sage Press, S. 132–189

Snunit, M. (1991). Der Seelenvogel. Hamburg: Carlsen

Stolz, U. & Thiel, T. (2005). Kinder gemeinsam in die Welt begleiten – Elternbildung und Erziehungspartnerschaft als Angebot des Kindergartens. In: Tschöpe-Scheffler, S. (Hrsg.): Konzepte der Elternbildung – eine kritische Übersicht. Opladen: Barbara Budrich, S. 199–213

Textor, M.R. (2005). Elternarbeit im Kindergarten. Ziele, Formen, Methoden. Norderstedt: BoD

Textor, M.R. (2006) (Hrsg.). Erziehungs- und Bildungspartnerschaft mit Eltern. Gemeinsam Verantwortung übernehmen. Freiburg: Herder, S. 34–63

Tröster, v.H., Flender, J. & Reineke, D. (2004). Dortmunder Entwicklungsscreening für den Kindergarten. Göttingen: Hogrefe

LITERATURVERZEICHNIS

Tschöpe-Scheffler, S. (Hrsg.) (2006). Konzepte der Elternbildung – Eine kritische Übersicht. 2. Auflage. Opladen: Budrich

Weinert, A.B. (2004). **Organisationspsychologie.** Ein Lehrbuch. 5., vollst. überarb. Auflage. Weinheim: Beltz

Werner, E.E. & Smith, R.S. (1982). Vulnerable but invincible: A longitudinal study of resilient children and youth. New York: McGraw-Hill

Werner, E.E. (1993). Risk, resilience and recovery: Perspectives from the Kauai longitudinal study. In: Development and Psychopathology, 5, S. 503–515

Werner, E.E. (2000). Protective factors and individual resilience. In J.P. Shonkoff, S.J. Meisels (Hrsg.), Handbook of early childhood intervention. Cambridge: Cambridge University Press, S. 115–132

Werner, E.E. (2006). What can we learn about resilience from large-scale longitudinal studies? In: Goldstein, S. & Brooks, R.B. (Hrsg.). Handbook of resilience in children. New York: Springer, S. 91–105

Werner, E.E. (2007). Entwicklung zwischen Risiko und Resilienz. In: Opp, G. & Fingerle, M. (Hrsg.). Was Kinder stärkt: Erziehung zwischen Risiko und Resilienz. 2.Auflage. München: Reinhardt, S. 20–31

Wustmann, C. (2004). Resilienz. Widerstandsfähigkeit von Kindern in Tageseinrichtungen fördern. Weinheim: Beltz

Wygotski, L. (1987). Ausgewählte Schriften. Band 2: Arbeiten zur psychischen Entwicklung der Persönlichkeit. Köln: Pahl-Rugenstein

Zimmer, R. (2009). Handbuch der Sinneswahrnehmung: Grundlagen einer ganzheitlichen Bildung und Erziehung. 7. Ausg. d. überarb. u. erw. Neuausg., (18. Gesamtauflage.). Freiburg: Herder

Zimmer, R. (2009). Handbuch der Bewegungserziehung : Grundlagen für Ausbildung und pädagogische Praxis. 7. Ausg. d. überarb. u. erw. Neuausg, (19. Gesamtauflage.). Freiburg, Basel, Wien: Herder

Kinder fördern
und Familien unterstützen

Wozu brauchen wir Familienzentren? Angelika Diller und Regine Schelle klären, worauf es beim Ausbau einer Kita zum Familienzentrum ankommt. Schritt für Schritt zeigen sie, wie es gelingt, ein klares Konzept zu entwickeln und erfolgreich in die Praxis umzusetzen.

Angelika Diller / Regine Schelle
Von der Kita zum Familienzentrum
Konzepte entwickeln – erfolgreich umsetzen
160 Seiten | Kartoniert
ISBN 978-3-451-32302-7

In jeder Buchhandlung oder unter www.herder.de

HERDER

Kindeswohlgefährdung
Erkennen und handeln!

Anhand zahlreicher Fallbeispiele beantwortet dieser Band alle relevanten Fragen zum Thema Kindeswohl. Mit vielen praktischen Hinweisen zur Gesprächsführung mit Kindern und Eltern, zur Beobachtung und Dokumentation sowie mit Anregungen für eine wirkungsvolle Prävention.

Jörg Maywald
Kinderschutz in der Kita
Ein praktischer Leitfaden für Erzieherinnen
176 Seiten | Kartoniert
ISBN 978-3-451-32307-2

In jeder Buchhandlung oder unter www.herder.de

HERDER
Lesen ist Leben

Aggression bei Kindern
Wie Erzieherinnen helfen können

Praxisnah schult dieser Band den Blick für aggressive Verhaltensweisen: von gesunder, sozial verträglicher Aggression bis hin zu verhaltensauffälligen Formen früher Gewalt. Er zeigt, wie Erzieherinnen angemessen und kompetent reagieren können. Denn gut gelöste Konflikte stärken alle Beteiligten!

Gabriele Haug-Schnabel
Aggression bei Kindern
Praxiskompetenz für Erzieherinnen
176 Seiten | Kartoniert
ISBN 978-3-451-32181-8

In jeder Buchhandlung oder unter www.herder.de

HERDER
Lesen ist Leben

Das Standardwerk
Praxiswissen für jede Erzieherin

Dieses Buch liefert erprobtes Praxiswissen zu den gängigen Beobachtungs-, Dokumentations- und Auswertungsverfahren. Praxisnahe Beispiele dienen der Anschaulichkeit und der Vertiefung. Ein grundlegender Leitfaden, den jede Erzieherin haben sollte.

Susanne Viernickel / Petra Völkel
Beobachten und Dokumentieren im pädagogischen Alltag
124 Seiten | Kartoniert
ISBN 978-3-451-32260-0

In jeder Buchhandlung oder unter www.herder.de

HERDER